Komplett abgehoben: Man muss ja nicht gleich – wie Thomas Huber (siehe Seite 80) – von der Klippe springen, um Grenzerfahrungen zu machen. In diesem Heft gibt es auch Abenteuer mit geringerem Risiko

Liebe Leserin, lieber Leser,

ES IST EINE URALTE KRAFT, die uns beflügelt, Neues zu wagen. Und seit wir Abenteuer nicht mehr eingehen müssen, seit wir sie freiwillig eingehen können, scheinen sie uns erst recht zu reizen: Nicht nur geländegängige Exzentriker sind der Faszination des kalkulierten Risikos verfallen, sondern auch Menschen wie Sie und ich.

Die Vorstellung davon, was Abenteuer eigentlich ausmacht, ist dabei so individuell wie die Arten, sie zu bestehen. Dennoch scheint es – ob man das Abenteuer nun auf eigene Faust sucht oder sich einem Experten anvertraut – ein Einverständnis zu geben: Abenteuer sind das größtmögliche Gegenteil von Alltag. Sie lassen uns ausbrechen aus sämtlichen Routinen. Und sie lehren uns, egal ob wir im Zug nach Naumburg sitzen (siehe Reportage Seite 68) oder am Nordpol frieren (siehe Seite 54), wer wir sind.

Wenn Menschen über ihre Vorstellung von der großen, der besonderen Reise sprechen, dann wird ihr Herzenswunsch oft an einer winzigen Formulierung deutlich: „einmal im Leben". Einmal im Leben durch die Anden trekken, einmal mit Haien schwimmen, einmal monatelang allein durch Afrika fahren – jeder setzt sich seine Ziele selbst. Die Sehnsucht, die uns antreibt, aber ist allen gemein: Es ist der Wunsch nach Abenteuern, die uns verändern.

In diesem Heft haben wir genau solche Reisen zusammengestel
Ich würde mich freuen, wenn wir Ihre Träume erfüllen – u
wecken. Denn jedes Abenteuer ist nur eine Entschei

Herzlich, Ihre

MEIKE KIRSCH

▸ REDAKTEUR DIESER AUSGABE

Tom Dauer fand die Esel, die sein Gepäck durch die Cordillera Blanca in Peru trugen, extrem kooperativ. Bis sie seine Notizbücher fressen wollten – in denen der Bergsteiger auch seine Erstbegehungen im Himalaya, in Patagonien und den Alpen festgehalten hat

Mehr Informationen finden Sie unter www.geo-special.de/abenteuer

116

FREIWILLIGE VOR: Immer mehr Menschen suchen Abenteuer mit Sinn. Und helfen etwa vor Australiens Küste, Koalas zu retten

14 + 142

DRAUSSEN DAHEIM, DIE WELT ZU FÜSSEN: 50 Abenteuerreisen – 50 Chancen, der Natur und sich selbst nahe zu sein. Wie über dem Lynn Fjord in Alaska

54

FROSTIGE STIMMUNG: Bei minus 35 Grad Celsius auf dem Weg zum Nordpol

30

PER ALLRAD INS ABENTEUER: Fotograf Christoph Bangert meisterte auf seiner Solofahrt durch Afrika nicht nur die Furt in Mali

104

DER SCHÖNSTE BERG: 50 Jahre nach der Erstbesteigung umwandert eine Gruppe den Alpamayo in den Anden Perus

THEMEN

RUBRIKEN

76

EINZELKÄMPFERIN: Alexandra David-Néel betrat als erste Europäerin das verbotene Lhasa

46

TEAMSPIELER: Tanja und Denis Katzer wollen 30 Jahre lang auf Reisen sein. 17 sind sie es schon

dossier

service

TITELBILD: WANDERER AM MOUNT AORAI, TAHITI **FOTOGRAFIN:** ULLA LOHMANN **REDAKTIONSSCHLUSS:** 11. JANUAR 2008

DIE WELT ALS ABENTEUERSPIELPLATZ

Als Entdecker wird der Mensch geboren. Unerschrocken ist sein Forscherdrang, ungesättigt sein Erfahrungshunger – bis sein Abenteuerinstinkt milde domestiziert worden ist. Und dann? Zu seinem Glück kann der Mensch verreisen. Und dabei vielleicht wieder jene Aufregung empfinden, die ihn bei seiner kindlichen Welterkundung begleitete

WIE VIEL RISIKO DARF ES DENN SEIN?

Sie fühlen den Drang in sich, einmal weit über Mallorca hinauszugehen? Eine Neugier auf die Welt hinter dem Horizont? Eine Lust darauf, neue Facetten Ihrer selbst zu entdecken? Wohin also, mit wem oder was und wie? Die GEO-Special-Redaktion hat eine Checkliste ausgearbeitet: Testen Sie, wie abenteuerlich Sie veranlagt sind!

1. Ich reise immer mit …

- … demselben alten Rucksack. Dessen Tragesystem hat sich schon perfekt an meinen Rücken angepasst. (A)
- … einer Dufflebag. Damit sehe ich auch in den Fußgängerzonen dieser Welt gut aus. (B)
- … Lederkoffer: Darauf haben auch die alten Entdecker nicht verzichtet. Der ideale Knitterschutz für die Abendgarderobe! (C)

2. Wie bewegen Sie sich auf Reisen am liebsten fort?

- Zu Fuß: von der Strandliege zum Pool zur Bar zum Buffet – Reihenfolge variabel. (C)
- In klimatisierten Reisebussen. Wenn es sein muss, aber auch mit dem einheimischen ÖPNV. (B)
- Ob Kamel oder Lkw-Ladefläche: Hauptsache vorwärts, lautet meine Devise in Sachen Fortbewegungsmittel. (A)

3. Was bringt Sie im Urlaub auf die Palme?

- Öffentliche Busse, in denen mir mein Sitznachbar aus Gründen des Platzmangels seinen Korb mit frisch geschlachteten Hühnern auf den Schoß stellt. (B)
- Ungeziefer, das sich in der Minibar meines Hotelzimmers häuslich einrichtet. (C)
- Die Kokosnuss, die an ihr hängt – köstlich! (A)

4. Welche Art der Urlaubsfinanzierung bevorzugen Sie?

- Geld? Ist doch „all inclusive" hier! (C)
- Im Voraus zahle ich lediglich meinen Flug. Ein großes Reisebudget habe ich ohnehin nicht. Notfalls pflücke ich eben Papayas auf einer Obstplantage. (A)
- Flüge, Tour-Begleitung, Mahlzeiten und Unterkünfte, ich überweise dem Reiseveranstalter natürlich alles vorab. (B)

5. Welcher Souvenir-Typ sind Sie?

- Für ein, zwei hübsche Andenken feilsche ich auf lokalen Märkten gnadenlos. (B)
- Vom Nachbarn bis zum Schwippschwager – meine Bekannten werden alle versorgt. Zwei Urlaubstage sind stets für Souvenir-Shopping reserviert. (C)
- Souvenirs? Dieser Staub fangende Ramsch wäre in meinem Rucksack überflüssiges Zusatzgewicht. (A)

6. Zu guter Letzt: Für wie abenteuerlustig halten Sie sich?

- Sie finden mich unter dem Namen „Abenteurer0815" in der virtuellen Welt des „Second Life". Aber auch nur dort. (C)
- Gern probiere ich Neues. Aber ich reise ungern allein, denn mein Orientierungssinn ist, genetisch bedingt, nur marginal vorhanden. (B)
- Ist der Test nun endlich zu Ende? Die Welt ist groß und wartet auf mich … (A)

TYP A – MEISTERIN ODER MEISTER DER EXTREME

SIE HABEN ÜBERWIEGEND MIT A GEANTWORTET:

Lässt sich Ihr Stammbaum auf Marco Polo zurückführen? Oder sind Sie mit Rüdiger Nehberg verwandt? Sicher ist: In Ihren Adern fließt Abenteurer-Blut. Ihre persönliche Bestzeit beim Aufbau eines Kuppelzelts liegt unter zwei Minuten; im Schlafsack fühlen Sie sich wie Dornröschen. Einheimische Garküchen sind Ihnen lieber als Fünf-Sterne-Dinner. Für Nebenwirkungen in der Magengegend haben Sie das passende Medikament im griffbereiten Survival-Kit. Klarer Fall, Ihnen ist kein Weg zu weit – höchstens zu ausgetreten. **UNSERE EMPFEHLUNG:** Tja, was sollen wir Ihnen noch empfehlen? Die höchsten Berge und trockensten Wüsten sind ja bereits Ihr Zuhause. Einen ordentlichen Adrenalin-Kick dürfte aber auch Ihnen eine Tour zum Nordpol verschaffen – das Appetithäppchen hierzu finden Sie ab Seite 54.

TYP B – KONTROLLIERT INS ABENTEUER

SIE HABEN ÜBERWIEGEND MIT B GEANTWORTET:

„Massentourismus – nein danke!", so lautet Ihr Urlaubsmotto. Sie wollen die Welt entdecken – und ihr fern von Pauschalreisen und All-Inclusive-Angeboten auch gern ein wenig Gutes tun. Dafür opfern Sie große Teile Ihrer Freizeit. Hauptsache, die Tour-Organisation übernimmt ein Spezialanbieter, der Ihnen die Kultur der Einheimischen nahebringt und Wege abseits der Hauptreiserouten zeigt. Kurz: Herausforderungen im kontrollierbaren Rahmen sind genau Ihr Metier, auch fühlen Sie sich in kleinen Gruppen wohl. **UNSERE EMPFEHLUNG:** Feldforschung auf Zeit! Unsere Autorin Juliane von Mittelstaedt hat einen solchen „Urlaub" für Sie ausprobiert: Sie reiste als Koala-Beobachterin auf die australische Insel St. Bees, siehe Seite 116.

TYP C – SOFA-REISEN »ALL INCLUSIVE«

SIE HABEN ÜBERWIEGEND MIT C GEANTWORTET:

Sie lieben Abenteuerreisen – sofern sie, gut erzählt und zwischen Buchdeckel gepresst, Ihren Feierabend würzen. In Ihrem Regal stehen die Klassiker von Defoe, Stevenson, Melville. Für den – rein mentalen – Kick ist damit hinreichend gesorgt. Und der reicht Ihnen auch. Das heißt nicht, dass Sie Ihren Urlaub einzig im Bayerischen Wald verbringen; exotische Ziele ziehen Sie durchaus an. Allerdings nur dann, wenn Sie in gut ausgestatteten Hotelanlagen keine Kakerlaken fürchten müssen. Ansonsten ist Ihnen der Alltag Abenteuer genug. Kein Problem: Dieses Heft bietet Ihnen Erlebnisreisen bei Wohnzimmerkomfort. **UNSERE EMPFEHLUNG:** Ob Südsee, Peru oder Afrika – machen Sie sich mit dem vorliegenden GEO Special auf zu abenteuerlichen Lesereisen. Ihre Start- und Landebahn: das heimische Sofa – oder die Strandliege am Hotelpool in Samoa.

10

GRÜNDE FÜR ...

ABENTEUERREISEN

WARUM SIE UNBEDINGT REISEN SOLLTEN

2

1 ... weil Sie nur so im **EXPLORERS CLUB** aufgenommen werden. Dazu müssen Sie sich auf mindestens einer Expedition die „Hände schmutzig und die Füße nass" machen, heißt es auf www.explorers.org. Oder Sie bleiben touristischer Entdecker – und „Friend of the Explorers Club".

2 ... weil sich Abenteuer und **KOMFORT** mittlerweile bestens verbinden lassen: Beim „Lodge-zu-Lodge-Trek" in Peru etwa wandern Sie auf dem Salcantay-Trail nach Machu Picchu und können nach jeder Etappe die Muskeln im warmen Bad einer Luxuslodge lockern, www.mountainlodgesofperu.com.

3 ... weil Sie – dank **GPS-GERÄTEN** – auch in unberührter Wildnis niemals die Orientierung verlieren. Für die Bedienung gibt es Navigationshilfe: etwa am 20. Februar und am 12. März 2008 bei GPS-Basiskursen in der Globetrotter-Filiale Köln, Tel. 0221/ 277 28 80, www.globetrotter.de.

4 ... weil nach Ansicht des Vorsitzenden der Eurogruppe, des luxemburgischen Premierministers Jean-Claude Juncker, der **EURO** auch 2008 noch an Wert gewinnen kann – und das Reisen in Nicht-Euro-Länder damit günstig bleiben wird.

5 ... weil Sie am 29. und 30. März 2008 beim ersten **ICE CLIMBING FESTIVAL** in Pontresina im Oberengadin auch einen Einsteiger-Workshop buchen können: www.ready2climb.com. Wenn es im Eis nicht klappen sollte, steigen Sie einfach auf Ski oder Schlitten um.

6 ... weil Sie dann besser beurteilen können, wie Sie die am 22. Mai 2008 anlaufende Variante eines Abenteuerklassikers finden: beim deutschen Kinostart des Films **INDIANA JONES UND DAS KÖNIGREICH DES KRISTALLSCHÄDELS**. 27 Jahre nach dem Start der ersten „Indiana Jones"-Episode spielt Harrison Ford zum vierten Mal den verwegensten Archäologen aller Zeiten.

4

9

Leinwand-Aufstieg: In Graz sind Höchstleistungen bequem zu haben

7 ... weil das neuerdings so beliebte Reisen durch die virtuelle Welt des **SECOND LIFE** (www.secondlife.com) zwar Grenzenlosigkeit in großartiger Landschaft verspricht, Simulation aber immer Simulation bleibt. Und welcher echte Abenteurer lässt sich schon gern zum Avatar degradieren?

8 ... weil Sie endlich einmal der Erste sein können: bei einer **PIONIERREISE** etwa. Eine solche bietet Bike Adventure Tours vom 17. Juli bis zum 3. August 2008 an, geplant ist eine 18-tägige Fahrradreise durch die Mongolei. Übernachtet wird meist in Jurten. Wenn Sie am 1. August aus dem Eingang blicken, können Sie mit etwas Glück eine totale Sonnenfinsternis erleben: Tel. 0041-44/761 37 65 oder www.bike-adventure-tours.ch.

9 ... weil Sie die filmische Dokumentation Ihrer Tour beim **BERG- & ABENTEUERFILMFESTIVAL GRAZ** (12. bis 15. November 2008, www.mountainfilm.com) einreichen sollten. Der potenzielle Lohn Ihrer körperlich-kreativen Anstrengungen: der Grand Prix Graz – und eine Menge Abenteuer fürs Auge. Letzteres auch für Nicht-Filmer.

10 ... weil Sie **GOETHE** einmal beim Wort nehmen sollten. Der sagte einst: „Die beste Bildung findet ein gescheiter Mensch auf Reisen."

1

3

5

6

7

8

10

FUNDSTÜCKE

DAS BILD DES BEZWINGERS

29. MAI 1953, gegen halb zwölf Uhr mittags. Der Neuseeländer Edmund Hillary kramt seine Kamera hervor, eine Kodak Retina, drückt auf den Auslöser und macht das Foto seines Lebens. Das Motiv: ein Mann, vermummt bis zur Unkenntlichkeit, der mit dem rechten Arm einen Eispickel in das Blau des Himmels reckt. Es ist ein Foto mit wenigen Details – Schnee, Himmel, Mensch, Eispickel; an Letzterem flattern vier kleine Fahnen, die Flaggen von Großbritannien, Nepal, Indien und den Vereinten Nationen. Der Schnappschuss lässt sich nicht orten, er könnte auf irgendeiner Schneekuppe gemacht worden sein. Dann aber hätte es das Bild wohl kaum auf das Cover einer Sonderbeilage der Londoner „Times" geschafft: Der Mann in Plusterhose und Anorak ist Tenzing Norgay, und er steht nicht irgendwo, sondern 8850 Meter über dem Meeresspiegel, auf dem Mount Everest. Drei Worte genügten, um dieses Bild im kollektiven Bewusstsein zu verankern: „On the Summit", titelte die „Times". Das Foto wurde zur Ikone – und löste eine Bilderlawine aus: „Mit Fotografien vom Everest", schrieb die „Süddeutsche Zeitung" zum 50-jährigen Jubiläum der Erstbesteigung, „könnte man heute seine Flanken tapezieren." Die Ironie der Geschichte: Hillary, der Mann hinter der Kamera, wurde viel berühmter als Norgay, das Fotomodell. Seinen Tod im Januar 2008 betrauerte die ganze Welt.

TERRA INCOGNITA

Es gibt noch weiße Flecken auf der Erde, und das nicht ohne Grund: Wo bisher niemand war, will eigentlich auch kein Mensch hin

NOCH EXISTIEREN ORTE, die nie ein Mensch betreten hat. Dort der Erste sein zu wollen, klingt sehr abenteuerlich und wäre es auch: Denn die weißen Flecken und Fleckchen dieser Erde sind ihre ungastlichsten. Einer von ihnen: der Batura II im pakistanischen Karakorumgebirge, der mit 7762 Metern als höchster noch unbestiegener Berg gilt. In den Polarregionen, auf Grönland, in Tibet, Nepal und Indien sind unzählige weitere Gipfel nicht betreten. Das gilt auch für Höhlen, die einzigen Plätze, von denen viele nicht nur unerforscht, sondern vermutlich auch gänzlich unbekannt sind – man sieht sie eben nicht. Entsprechend überrascht waren Höhlenforscher, als sie im dicht besiedelten Großbritannien auf einen 141 Meter tiefen Schacht stießen, den sie „Titan" tauften. In der Krubera-Höhle im georgischen Abchasien, der mit 2190 Metern tiefsten der Welt, entdeckte eine Expedition im September 2007 eine bislang unbekannte 30-Meter-Passage. Was schwieriger war, als es klingt: Teile der Höhle liegen unter Wasser. Wo dieses fehlt, entsteht oft ebenfalls zuvor unbetretenes Terrain: etwa am Aralsee, der jeweils zur Hälfte zu Kasachstan und Usbekistan gehört. Noch bis vor 40 Jahren war er mit 68 000 Quadratkilometer Fläche der viertgrößte See der Welt. Dann aber wurden seine Zuflüsse umgeleitet, vor allem um Baumwollfelder zu bewässern – eine neue, 50 000 Quadratkilometer große und nicht kartierte Wüste entstand. Es ist also zu befürchten, dass die weißen Flecken der Zukunft vor allem menschengemacht sein werden. Und darauf könnten wohl selbst hartgesottene Abenteurer verzichten.

SCHNITZELJAGD PER SATELLIT

Am 3. Mai 2000 wurde in den USA der erste »Cache« versteckt – heute warten auch in ganz Deutschland Schätze auf Finder

GEOCACHING heißt die moderne Schatzsuche. Ihr Prinzip ist einfach. Jemand versteckt einen „Cache" – einen kleinen Behälter samt Logbuch, Bleistift und Krimskrams – und veröffentlicht dessen Koordinaten im Internet. Mithilfe dieser Daten und eines GPS-Gerätes machen andere Schatzjäger das Versteck ausfindig, das auf einem Gipfel, an einem Flussufer oder mitten im Wald liegen kann. Dann tragen sie sich in das Logbuch ein, tauschen eine Kleinigkeit aus dem Behälter gegen ein eigenes Mitbringsel und verstecken den Schatz an gleicher Stelle – für den nächsten Spurenleser. Informationen zur satellitengestützten Schnitzeljagd unter www.geocaching.de.

Finden ist das Schöne am Suchen, der Inhalt unwichtig

Foto: Martin Haag
JETZT BESTELLEN:
DAS NEUE HANDBUCH 2008
Die besten Ideen für Outdoor und Reise auf über 700 Seiten.
www.Globetrotter.de Ausrüstung
Handbuch 2008
Träume Leben.
Hamburg | Berlin | Dresden | Frankfurt | Bonn | Köln
HANDBUCH 2008
GRATIS ANFORDERN
040 / 679 66 179
www.globetrotter.de
Foto: Holde Schneider
Unsere 900 Globetrotter-Mitarbeiter leben ihre Träume. So wie Martin Haag, Online-Redakteur und Ausrüstungsexperte, der sich seinen Outdoor-Traum mit einer Durchquerung Alaskas entlang der Brooks-Range erfüllte.
Träume leben.
www.Globetrotter.de
Ausrüstung
Globetrotter Ausrüstung, Bargkoppelstieg 10-14, 22145 Hamburg, Fax: 040/679 66 186, Mail: info@globetrotter.de
Hamburg | Berlin | Dresden | Frankfurt | Bonn | Köln

REISEGEPÄCK

DIE FAVORITEN DER GEO-SPECIAL-REDAKTION:
Was Sie mit auf Abenteuerreise nehmen sollten

1

■ **Brennhölzer: MayaSticks, 200 mm, 2,50 €, www.light-my-fire.com**
Wer mit Rucksack und Zelt in der Einöde unterwegs ist, wird sich rasch für die hitzigen Reisebegleiter erwärmen. Denn: Die Sticks werden aus dem Holz der Pino de Ocote hergestellt, einer Kiefernart aus dem Hochland von Mexiko und Guatemala mit rund 80 Prozent Harzgehalt. Sie brennt schnell und vor allem heiß. Das Plus: Diese Brennhölzer können Sie auch feucht entflammen.

2

■ **Rucksack: zum Beispiel www.deuter.com, bis etwa 200 €**
Welcher ist der ideale „Schrank" für unterwegs? „Ein guter Reiserucksack", sagt Bernd Kullmann, Geschäftsführer der Firma Deuter, „hat ein Bodenfach für den Schlafsack, ein Hauptfach für Kleider, eine Deckeltasche für alles, was man schnell greifen können muss, und ein Innenfach für Dokumente. Der Rest ist Schnickschnack." Wichtigste Regel: Ein Rucksack muss dem Rücken angepasst werden. Sonst wird aus Reiselust schnell -last.

3

■ **Wimpel: Mindestabnahme meist 10 Stück, ab 7,90 €**
Wahrscheinlich sind die sechs Fahnen auf dem Mond längst verblichen. Was allerdings kaum ihre Bedeutung schmälert: Gerade die Fahne von Apollo 11 weht dank des berühmten Fotos noch immer im kollektiven Gedächtnis. Fahnen und Flaggen sind eben in Stoff manifestierter Abenteurer-Stolz. Auch Sie können auf Reisen Flagge zeigen: Für einen Hauch von Entdeckergefühl sorgen individuelle Wimpel. Herstelleradressen finden Sie zuhauf im Internet, ganz einfach mit dem Google-Stichwort: Wimpel; oder in den Gelben Seiten unter der Rubrik „Vereins- und Fanbedarf".

4

■ **Adapterstecker: World Travel Adapter, 23,65 €, www.swisstravelproducts.com**
Wer in der Welt umherreist, muss ja nicht gleich allen technischen Errungenschaften entsagen. Die schönsten und praktischsten Geräte nützen einem jedoch nichts, wenn der deutsche Stecker partout nicht in die südamerikanische Steckdose passen will. Mit dem World Travel Adapter beugt man diesem Problem vor: Er passt in die Steckdosen von immerhin 150 Ländern.

»Le Petit Journal« titelt 1909 mit den beiden Raufbolden

[DIE WAHRE GESCHICHTE]

SCHLAMMSCHLACHT AM POL

Zwei Abenteurer reklamierten, der Erste am Nordpol gewesen zu sein. Der Streit dauert an

AM 6. APRIL 1909 pflockte Robert Edwin Peary die amerikanische Flagge in den eisigen Untergrund: Peary behauptete, der erste Mensch am Nordpol zu sein. Doch als der Polarforscher nach seinem Rückmarsch einen triumphalen Funkspruch von der Halbinsel Labrador gen Washington absetzte, sorgte er im Weißen Haus für Verwirrung. Vier Tage zuvor war dort ein Telegramm eingegangen, in dem ein anderer von seinem Pol-Erfolg berichtete. Der Absender: Frederick Albert Cook, Ex-Expeditionsarzt Pearys – und dessen Rivale. Er behauptete, bereits am 21. April 1908 am Nordpol gewesen zu sein. Die Jagd um eine der ruhmreichsten Erstbegehungen des Planeten endete in einer Schlammschlacht. Während Peary die National Geographic Society mit seinen Messdaten überzeugen konnte, waren Cooks Originalunterlagen teilweise „verloren". Zudem gaben seine Weggefährten, zwei Inuit, an, stets mit Blick aufs Festland gereist zu sein – das vom Nordpol, der mitten im Polarmeer liegt, nicht zu sehen ist. Doch auch in Pearys Notizen fanden sich Ungereimtheiten. Cook oder Peary, Peary oder Cook – gestritten wird bis heute. Im Kasus Cook wachsen die Zweifel jedoch mittlerweile in schwindelerregende Höhen: Schließlich hatte der Abenteurer schon 1906 mit der Erstbesteigung des Mount McKinley, des höchsten Bergs Nordamerikas, geprotzt – und nachweislich geflunkert.

SAMBESI – UNTER STROM IM FLUSS

Zwischen den Basaltwänden hallt noch das Dröhnen der Victoria-Fälle wider, erst weiter flussabwärts wird die Fahrt ruhiger. Entspannen können die Paddler trotzdem nicht, denn im Wasser lauern Krokodile.
Mehr zu dieser Reise auf Seite 142

PROFIL: EXTREM

Weil die Welt noch wild ist

Abenteuer beginnen mit einer Entscheidung. Gegen das Gewohnte, für das Unbekannte. Gegen Routine, für die Neugier. Gegen Sicherheit, für das Wagnis. Um Ihnen diese Entscheidung leicht zu machen, präsentiert GEO Special 50 außergewöhnliche Reisen. Zunächst in einigen Bildern und ab Seite 142 mit allen Informationen für eine Expedition über den Horizont hinaus

SAHARA – WÜSTE WANDEREI

Im Erg Ouarane Mauretaniens formt der Wind aus feinem Sand ein sich beständig wandelndes Dünenmeer, das Wanderer in zwölf Tagen durchqueren können. Ihre Spuren werden innerhalb von Stunden verweht. Seite 142

PROFIL: EXTREM

HIMALAYA – HÖHENRAUSCH

Wer Begegnungen wie diese vor dem Panorama des 8201 Meter hohen Cho Oyu erleben will, sollte über beste Kondition verfügen – zumindest als Radfahrer auf dem »Friendship Highway« von Lhasa nach Kathmandu; einer Tour, die auch am Mount-Everest-Basislager vorbeiführt. Seite 144

PROFIL: EXTREM

MOUNT HAGEN – FREMDE WELT

Ein Asaro-Junge wartet auf den Auftritt seines Stammes beim Mount-Hagen-Fest. Das »Sing-Sing«, so der Pidgin-Name, ist einer der Höhepunkte einer Trekkingreise durch das Hochland Papua-Neuguineas. Seite 142

PROFIL: MITTEL

MARIPOSA GROVE – GIGANTENWALD

Über 2000 Jahre alte Mammutbäume wachsen im »Schmetterlingshain« des kalifornischen Yosemite-Nationalparks. Hier beginnt der John Muir Trail, der über die Berge der Sierra Nevada durch Kalifornien führt. Seite 143

PROFIL: MITTEL

GRAN SABANA – LAND VOR UNSERER ZEIT

Der Acopán Tepui ist einer der Tafelberge, die aus der Gran Sabana im Südosten Venezuelas ragen. »Inseln in der Zeit« werden sie genannt, weil ihre Gipfel Archive der Evolution sind. Von den 115 Tepuis sind längst nicht alle erforscht. Seite 143

PROFIL: EXTREM

LAGUNA GREY – BLAUE WUNDER

Wenn der Grey-Gletscher im patagonischen Torres-del-Paine-Nationalpark vorrückt, kalbt er schwimmende Inseln. Kajakfahrer auf dem Grey-See dürfen sich ihnen nur mit Vorsicht nähern – die Eisreste können jederzeit kippen. Seite 143

PROFIL: EXTREM

LONDON – ABENTEUER ALLTAG

Man muss ja nicht gleich um die halbe Welt fliegen – ein Hüpfer über die Parkbank reicht auch. Wer sich nach den Regeln des »Parkour« fortbewegt, dem steht jeden Tag ein Abenteuer bevor. Es beginnt gleich vor der Haustür. Seite 144

PROFIL: LEICHT BIS EXTREM

KLARÄLVEN – FLOSS-GLÜCK

Das Floß ist selbst gebaut, der Fisch geangelt, am Abend prasselt ein Lagerfeuer, und geschlafen wird in Zelten. Auf dem Klarälven im schwedischen Värmland können Kinder und Eltern Entdecker spielen. Seite 145

PROFIL: LEICHT

Was ist ein Abenteuer?

Eine nur scheinbar leichte Frage für drei Spezialisten: Gerlinde Kaltenbrunner, Bertrand Piccard und Lars Abromeit

GEO Special: Herr Piccard, Abenteuer gehören zu Ihrer Familientradition. Ist die Lust auf das Wagnis erblich?

BERTRAND PICCARD: Das wäre traurig, weil es bedeuten würde, dass die Menschen nicht für ihre Handlungen verantwortlich sind. Ich glaube, es ist eine Frage der Erziehung. Abenteuerlust ist etwas, das man stimulieren muss.

GEO Special: Erziehen Sie Ihre Kinder also zu Abenteurern?

PICCARD: Ich versuche ihnen beizubringen, dass das Leben interessanter wird, wenn man neugierig ist.

GEO Special: Wie kamen Sie zum Abenteuer, Frau Kaltenbrunner?

GERLINDE KALTENBRUNNER: Ich habe immer das gemacht, wozu ich am meisten Lust hatte. Und das war eben, draußen in der Natur zu sein. Das hat mich aber nicht mein Vater gelehrt, sondern unser Pfarrer.

GEO Special: Sie sind mit dem Pfarrer zum Bergsteigen?

KALTENBRUNNER: Genau, ich war Ministrantin. Kaum waren die Kirchenglocken verklungen, haben wir uns in der Sakristei umgezogen und sind auf irgendeinen Berg hinauf.

GEO Special: Herr Abromeit, gab es jemand, der Sie zum Abenteurer gemacht hat?

LARS ABROMEIT: Ich sehe mich nicht so sehr als Abenteurer, sondern vor allem als Reporter, der Abenteurer begleitet. Klar komme ich dabei manchmal in gefährliche Situationen, beim Bergsteigen in der Antarktis etwa, beim Tauchen vor Neuguinea. Es gibt nicht so viele Journalisten, die Lesern von der Faszination solcher Orte berichten. So wurde ich zum Spezialisten.

GEO Special: Herr Piccard, Sie erleben nicht nur Abenteuer, Sie erzählen auch darüber. Nimmt das Interesse an Abenteuern zu?

PICCARD: Definitiv ja. Ich glaube, das liegt daran, dass moderne Gesellschaften ihren Mitgliedern zu wenig Eigenverantwortung zugestehen. Die Menschen sind beschützt, fremdgesteuert. Die Reaktion darauf ist ganz normal: Sie wollen ihr Schicksal wieder in die Hand nehmen.

GEO Special: Und dann werden sie zu Entdeckern?

PICCARD: Wir müssen unterscheiden: Entdecker sind Menschen, die etwas völlig Neues wagen, die dort hingehen, wo nie zuvor jemand gewesen ist. Der Abenteuerbegriff ist weiter: Jede Situation, die anders ist als unser Alltag, ist ein Abenteuer. Wir müssen auf sie reagieren, mit neuen Verhaltensweisen, neuen Lösungen, neuen Antworten. Das kann beim Ballonfahren passieren, beim Bergsteigen, beim Tauchen. Es kann aber auch passieren, wenn man sich einen neuen Job suchen muss. Dann hat man die Wahl. Sieht man sich als Opfer der Verhältnisse, das nichts machen kann? Oder sagt man sich: Nun, ein Abenteuer! Was muss ich tun, um es zu bestehen?

ABROMEIT: Auch Entdecker wird es immer geben, weil „weiße Flecken" im Grunde ja etwas Subjektives sind. Papua-Neuguinea etwa mag den Europäern des Mittelalters unbekannt gewesen sein, nicht aber jenen Menschen, die schon damals dort lebten. Jeder kann für sich die Welt neu erobern, das sieht man am besten bei Kindern, den geborenen Entdeckern.

GEO Special: Muss ein Erlebnis gefährlich sein, um zum Abenteuer zu werden?

PICCARD: Das Gefährlichste im Leben ist, sich in Gewohnheit und Sicherheit zu wiegen. Risiken begegnet man ständig, und Abenteuer können für diesen Ernstfall schulen. Sie lehren, das Potenzial zu mobilisieren, das in jedem von uns steckt.

GEO Special: Sie haben als Abenteurer aber auch eine Verantwortung, sich selbst gegenüber, Ihrer Familie, Ihren Freunden. Das sind die Menschen, die zurückbleiben, wenn etwas passiert.

PICCARD: Moment, lassen Sie mich etwas klarstellen: Es gibt Abenteurer – und es gibt Hasardeure. Abenteurer begeben sich in extreme Situationen, aber sie sind gut vorbereitet, trainiert, ausgerüstet. Sie haben gelernt zu überleben. Hasardeure dagegen sind süchtig nach Adrenalin, starken Emotionen, Gefahr. Für mich sind das verrückte Menschen.

GEO Special: Sie mögen Gefahr nicht?

PICCARD: Ich hasse es, Angst zu haben. Ich hasse Momente, in denen ich denke, das wird böse enden. Was ich dagegen mag, sind jene Augenblicke, in denen ich vollkommen bewusst, konzentriert und im Wissen um meine Fähigkeiten handle. Das ist eine fast spirituelle Erfahrung, aber keine Sucht.

GEO Special: Frau Kaltenbrunner, kennen Sie solche Momente?

KALTENBRUNNER: Ich bin voll konzentriert, wenn ich einen Berg hinaufsteige. Beim Abstieg versuche ich dann, all meine verbliebene Energie zu bündeln und keinen Fehler zu machen. Das sind Momente, in denen ich ganz bei mir bin.

GEO Special: Kann jeder diese Momente erleben?

PICCARD: Niemand sollte Abenteuer bestehen wollen, zu denen er nicht bereit ist. Oder anders gesagt: Jeder soll das machen, wozu er Lust hat. Entscheidend ist der Wille dahinter. Gerlindes

Bertrand Piccard hasst Momente, in denen er denkt, »das wird böse enden«. Gerade deshalb ist er ein Abenteurer – und kein Hasardeur

→

Gerlinde Kaltenbrunner findet an Bergen wie dem K2 »ein erfülltes Leben«. GEO-Expeditionsexperte Lars Abromeit hält Wissenschaftler, die unter extremen Bedingungen arbeiten, für »die wahren Helden unserer Zeit«

Können besteht darin, Berge zu besteigen. Meines liegt darin, Drachen oder Gleitschirm zu fliegen. Jeder muss herausfinden, wo er sein Potenzial am besten einsetzen kann. Das größte Abenteuer ist sowieso, erfolgreich durch schwierige Zeiten im Leben zu kommen. Ich glaube, dass man Abenteuer als Krisen definieren kann, die wir akzeptieren müssen. Umgekehrt entstehen Krisen, wenn wir uns nicht auf Abenteuer einlassen. Es liegt an uns, wie wir entscheiden.

GEO Special: Abenteuerreisen sind also Krisen, die man besteht, nachdem man sie eigens gesucht hat? Eine Art Selbstbeweis?

ABROMEIT: Das ist eine mögliche Erklärung. Es gibt aber auch Abenteuer, die Teil eines größeren Ganzen sind. Wenn Wissenschaftler, sagen wir, Eisproben am Südpol entnehmen oder nach neuen Spezies suchen, dann müssen sie Abenteuer in Kauf nehmen. Sie steigen nicht um der Sache selbst willen auf Berge. Sie tauchen nicht, weil sie eine Krise bestehen wollen. Sondern, weil sie eine Mission haben. Für mich sind diese Wissenschaftler die wahren Helden unserer Zeit.

PICCARD: Natürlich sollte ein Abenteuer nicht komplett sinnlos sein. Aber ich glaube, dass es auch sinnhaft sein kann, einfach nur so auf Berge zu steigen: Weil man damit ein Beispiel gibt. Als ich mit dem Ballon die Erde umrundete, bekam ich täglich Botschaften von Menschen, die sagten: Danke, dass du uns an deinem Traum teilhaben lässt.

ABROMEIT: Aber ging es Ihnen nicht doch in erster Linie darum, Ihr Ziel zu erreichen?

PICCARD: Es ging um beides. Natürlich wollte ich eine Seite im großen Buch der Geschichte schreiben. Gleichzeitig gibt es aber auch die Menschen, die diese Seite irgendwann aufschlagen und sagen werden: Wow! Der Piccard hat es wirklich geschafft! Aber was der kann, können wir schon lange. Andere werden auf ihre Art und Weise unserem Beispiel folgen.

GEO Special: Was ist der Sinn Ihrer Abenteuer, Frau Kaltenbrunner?

KALTENBRUNNER: Ich will ein erfülltes Leben führen. Momente voller Zufriedenheit erlebe ich beim Bergsteigen, speziell an den hohen Bergen. Wenn ich an einem Gipfel ankomme, ist das wie die Erfüllung eines Traumes.

PICCARD: In einer Welt, die extrem materialistisch ist, in der jeder an Macht und Besitz denkt, ist es wichtig, dass Menschen auf Berge steigen, durch Wüsten wandern, in Meeren tauchen, fliegen. Weil es noch andere Ziele im Leben geben muss, als sich die Taschen mit Geld zu füllen.

GEO Special: Abenteuer sind also ein Ausgleich zum Alltäglichen, das uns umgibt?

PICCARD: Ich denke, man sollte ein möglichst ausbalanciertes Leben führen. Jeder muss das Gleichgewicht finden zwischen dem, was er ist, und dem, was er tut.

ABROMEIT: Aber das Gleichgewicht kann langweilig werden. Von Zeit zu Zeit muss man neue Ideen verfolgen, neue Träume.

PICCARD: Meine Balance besteht aus vielen Teilen, von denen keiner zur Routine wird. Ich halte Vorträge, ich reise durch die Welt, ich treffe jeden Tag neue Menschen. Ich arbeite als Psychiater, da gibt es keine Routine. Ich habe eine Frau und drei Kinder. Und dennoch hält sich alles im Gleichgewicht. Ich glaube, das ist wichtig, um Abenteuer zu bestehen. Man braucht eine intakte Startbahn, um mit dem Flugzeug abzuheben.

GEO Special: Sind Sie am Berg oder zu Hause im Gleichgewicht, Frau Kaltenbrunner?

KALTENBRUNNER: Ganz klar am Berg. Daheim ist es mir häufig zu turbulent, da bringe ich oft nicht alles unter einen Hut.

GEO Special: Suchen Sie Ihr Gleichgewicht also noch?

KALTENBRUNNER: Ich bin nicht auf der Suche. Ich nehme die Dinge einfach so, wie sie sind.

GEO Special: Herr Piccard, gab es während Ihrer Erdumrundung im Ballon Momente, in denen Sie aufgeben wollten?

PICCARD: Nein. Aber es gab Momente, in denen ich dachte: Okay, jetzt zahlst du den Preis für deine Idee. Als wir die Erdumrundung zum ersten Mal versuchten, landeten wir sechs Stunden nach dem Start im Mittelmeer. Dann denkst du: Ich wollte der Erste sein, ich wollte in zwölf Tagen um die Welt, jetzt versinkt mein Ballon, ich bin komplett durchnässt und warte auf ein Schiff, das mich rettet. Lächerlicher kann man sich nicht machen. Aber wer diese Gefahr nicht in Kauf nimmt, sollte es mit dem Abenteuer gar nicht erst versuchen.

ABROMEIT: Manchmal können Abenteuer sehr wehtun.

PICCARD: Ja, denn bei Abenteuern geht es nicht nur um Erfolg, es geht auch ums Scheitern. Das müssen wir akzeptieren.

GEO Special: Frau Kaltenbrunner, dieses Scheitern kann in Ihrem Fall lebensbedrohlich sein.

KALTENBRUNNER: Als Abenteurer muss man immer ein Risiko eingehen. Manchmal kommt das aus dem Nichts wie vor einem Jahr am Dhaulagiri, dem siebthöchsten Berg der Welt. Da saß ich gerade im Zelt, als plötzlich eine Lawine kam. Im nächsten Moment hat sie mich weggerissen. Das ging so schnell, ich kann gar nicht sagen, was in mir vorgegangen ist. Auf einmal war ich komplett verschüttet. Zum Glück habe ich sehr schnell gemerkt: Da ist ein Hohlraum, und ich kann die Hand noch bewegen. Eine Stunde dauerte es, bis ich mich befreit hatte.

GEO Special: Waren Sie allein?

KALTENBRUNNER: 20 Meter oberhalb schliefen zwei Spanier. Deren Zelt war weg. Ich habe wie verrückt nach beiden gesucht, immer wieder hysterisch gerufen. Dabei wusste ich, dass nichts mehr zu machen war. Schließlich habe ich die toten Körper ausgegraben. Auf Abenteuer dieser Art kann ich verzichten.

GEO Special: Haben Sie nach dem Abstieg überlegt, mit dem Bergsteigen aufzuhören?

KALTENBRUNNER: Nein, das habe ich noch nie. Ich will auf den Gipfel und heil wieder herunter. Dafür lebe ich doch.

GEO Special: Wie fällen Sie Entscheidungen in schwierigen Situationen: mit dem Bauch oder mit dem Kopf?

KALTENBRUNNER: Ich habe mich früher nur auf mein Gefühl verlassen. Nun habe ich aber gelernt, rationale Entscheidungen zu treffen, und bin bei einer guten Mischung angelangt.

GEO Special: Herr Piccard, trauen Sie Ihrem siebten Sinn?

PICCARD: Ich vertraue meiner Fähigkeit, mich in Situationen hineindenken zu können. Auf mein Gefühl allein gebe ich nichts.

ABROMEIT: Oft genug kommt man in bestimmte Lagen, in denen man nicht weiß, wie man entscheiden soll. Ich finde, dass gerade diese Ungewissheit faszinierend ist. Ins Unbekannte vorzudringen und zu wissen: Es wird Fragen geben, von deren Existenz ich noch gar nichts weiß. Geschweige denn, dass ich eine Antwort hätte.

GEO Special: Wo werden Sie diese Ungewissheit beim nächsten Mal suchen?

ABROMEIT: Ich werde eine Gruppe von Mikrobiologen begleiten, die sich auf der Suche nach einem bestimmten Bakterium in sehr tiefe Höhlen in New Mexico wagen. Dieses Bakterium soll dazu dienen, Antibiotika zu gewinnen.

GEO Special: Frau Kaltenbrunner, bei Ihnen geht es bergauf?

KALTENBRUNNER: Ja, im nächsten Jahr stehen noch einmal der Dhaulagiri, dann der Lhotse und schließlich der K2 an. Die Zukunft des Höhenbergsteigens liegt meiner Meinung nach im Verzicht. Ich werde daher ohne Flaschensauerstoff, ohne Lager und ohne fixierte Seile auf die Berge steigen.

GEO Special: Herr Piccard, was sind Ihre Pläne?

PICCARD: Meiner Meinung nach haben die Abenteuer der Zukunft den Zweck, das Leben auf dieser Erde zu verbessern. Wir haben die Macht auf diesem Planeten, wir können ihn sogar zerstören. Ich will zeigen, wie wir in Zukunft Energie sparen können. Bisher dachten alle, dieses Thema sei langweilig. Aber Nachhaltigkeit kann sexy sein. Ein wahres Abenteuer eben. ■

GERLINDE KALTENBRUNNER

GEBOREN 1970 IN SPITAL AM PYHRN, Österreich. 2003 gab die gelernte Krankenschwester ihren Beruf auf und wurde Profibergsteigerin. Seither bereist sie die Berge der Welt. Die „Königin der Todeszone", wie sie das Magazin „Der Spiegel" nannte, hat bereits zehn von 14 Achttausendern bestiegen. Zuletzt gelang ihr im Juli 2007 die Besteigung des Broad Peak (8047 m) im pakistanischen Karakorumgebirge. 2008 will sie sich erneut am Dhaulagiri (8167 m) versuchen, an dem sie im Frühling 2007 von einer Lawine verschüttet wurde und nur knapp überlebte. Danach sind Lhotse (8516 m) und K2 (8611 m) geplant. Kaltenbrunner ist verheiratet und lebt in Bühlertal. Internet: *www.gerlinde-kaltenbrunner.de*.

BERTRAND PICCARD

GEBOREN 1958 IN LAUSANNE, Schweiz. Der Psychiater ist Spross einer bekannten Abenteurerfamilie. Sein Großvater Auguste war der erste Mensch, der mit einem Ballon in die Stratosphäre vordrang; sein Vater Jacques tauchte im Marianengraben auf 10 916 Meter hinab. Piccard gelang 1999 nach zwei gescheiterten Versuchen die erste Umrundung der Erde mit einem Ballon. Danach gründete er die Stiftung „Winds of Hope", die sich für an Noma, einer Gewebekrankheit, leidende Kinder einsetzt. Sein aktuelles Projekt taufte er „Solar Impulse": Mit einem von Sonnenenergie gespeisten Propellerflugzeug will er zunächst über den Atlantik und 2011 einmal um die Erde fliegen. Piccard ist verheiratet und hat drei Kinder. Er lebt in Lausanne. Internet: *www.bertrandpiccard.com, www.solarimpulse.com, www.windsofhope.org.*

LARS ABROMEIT

GEBOREN 1974 IN BERLIN. Der heutige GEO-Expeditionsexperte unternahm seine erste Abenteuerreise im britischen Wivenhoe: Dort versuchte er im Alter von vier Jahren, einen kaum erforschten Seerosenteich zu erkunden, brach sich dabei das Schlüsselbein und gab seinen Vorstoß auf. Seither hat Abromeit Jura studiert, die Henri-Nannen-Journalistenschule in Hamburg besucht und nebenbei den Umgang mit Pressluftflaschen, Eispickeln und Fixseilen erlernt, um wissenschaftliche Expeditionen als Reporter auch in entlegene Regionen der Erde begleiten zu können: zu den unterirdischen Kultstätten der Maya im Regenwald von Belize etwa oder in die Staubwüsten inmitten der Antarktis. Abromeit ist verheiratet und lebt in Hamburg. Internet: *www.geo.de/antarktis-special*.

Heftredakteur **Tom Dauer**, 38, lauschte dem Gipfeltreffen der Abenteurer am Flughafen München so konzentriert, dass er seinen eingeschlafenen Arm erst nach der letzten Frage bemerkte.

ALLEIN DURCH AFRIKA

[KM 5505] **LAYOUNE, WESTSAHARA** *
Zwei Dromedare aus Beton flankieren eine der wenigen Teerstraßen durch eine Region mit umstrittenem völkerrechtlichen Status: das von Marokko und einer Unabhängigkeitsbewegung beanspruchte Westsahara

Ein junger Fotograf träumt von einer Reise, die ihn über ein Jahr von zu Hause wegführen wird. Zwischen Aufbruch im rheinland-pfälzischen Daun und Rückkehr liegt ein ganzer Kontinent: Afrika. Für GEO Special notierte und fotografierte Christoph Bangert seine Eindrücke von den ersten 20 000 Kilometern

GEO-Grafik

[KM 13 214] IN MALI *
»Autofahren ist Meditation«, sagt Christoph Bangert. Auf seiner Reise durch 32 afrikanische Staaten hat er dazu reichlich Gelegenheit

*

STRASSE VON GIBRALTAR, MITTELMEER [KM 2842]

DAU-CB 78 steht auf dem Nummernschild meines Wagens. In Frankreich und Spanien sprechen mich viele Landsleute darauf an. Die meisten sind Rentner, die im Süden Europas überwintern. Auf ihre Wohnwagen haben sie kleine deutsche Flaggen geklebt. Sie fragen mich, wohin ich wolle mit meinen Offroad-Reifen und der Seilwinde. „Nach Südafrika", antworte ich stets, nicht ohne Stolz. Dann zähle ich die 18 afrikanischen Länder auf, durch die ich bis dorthin fahren werde. Zum Abschied wünscht man mir meistens einen „schönen Urlaub". Urlaub! Ich mache keinen Urlaub. Ich bin auf einer Reise.

Jahrelang habe ich davon geträumt, von Daun, wo ich aufgewachsen bin, über Land bis Kapstadt zu fahren – und zurück. Hinter mir liegen Monate der Vorbereitung. Ich musste den Landrover wüstentauglich machen. Nach einer ersten großen Reise von Patagonien bis New York stand er fünf Jahre ungenutzt in der Garage meiner Eltern. Ich musste einen Untermieter suchen, Versicherungen für mich und das Auto abschließen, Zollpapiere organisieren, Landkarten beschaffen, Impfungen auffrischen, Passbilder machen lassen, mich um dieses und jenes kümmern. Es gab Tage, da glaubte ich selbst nicht daran, dass ich tatsächlich losfahren würde.

Nun aber stehe ich an Deck der „Wisteria", einer riesigen Autofähre, die uns – mich und mein Auto – von Algeciras, Spanien, nach Tanger, Marokko, bringt. Ich schaue über das Meer und fühle mich frei und glücklich. Europa verblasst im Dunst. Es ist nicht leicht, die Gänge zu wechseln, vom Vollgas des Alltags auf Reisegeschwindigkeit zu schalten. In den nächsten Tagen und Wochen werde ich vor allem daran arbeiten müssen. Ich werde mich zwingen, mich auf das Naheliegende, das Nächste zu konzentrieren. Körperlich bin ich ziemlich fertig. Ein starker Husten hat sich festgesetzt, der mich nachts nicht schlafen lässt. Seit Tagen fahre ich in Flip-Flops, da meine geschwollenen Füße in keines der mitgenommenen Schuhpaare passen. Abends gibt es meistens Nudeln oder Dosensuppe. Ich bin ein lausiger Koch.

*** TAN-TAN, MAROKKO [KM 4526]**

HEUTE HABE ICH EINIGE MALE mitten im Nirgendwo angehalten und den Motor abgestellt. Es war völlig still. Kein Geräusch. Nichts. Niemand. Nur die Wüste, das Auto, meine Kamera und ich. Ich bin der Sahara sofort verfallen. Dabei ist es sehr schwierig, in Afrika wirklich allein zu sein, zumindest körperlich. Natürlich verbringe ich viel Zeit im Auto, ohne Begleitung. Ich fahre und fahre, meist tief in Gedanken versunken, tagelang. Autofahren ist für mich eine Art Meditation. Doch sobald ich anhalte, bin ich von Menschen umringt, die mich anschauen wollen.

Nachdem ich Tanger, Meknes und Fes besucht hatte, fuhr ich in den Hohen Atlas. Zwischen Azrou

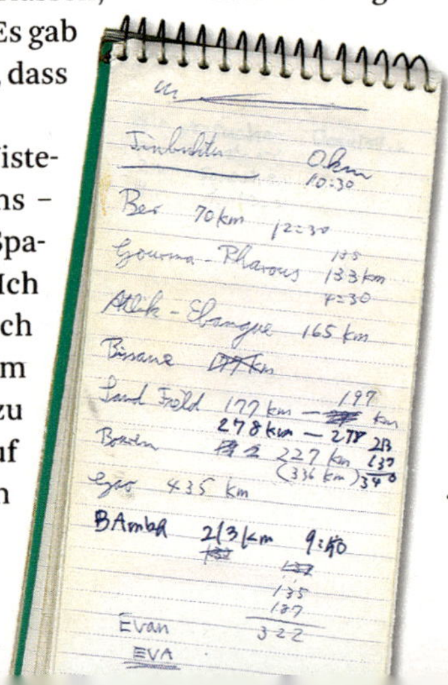

Von Timbuktu nach Gao? 435 Kilometer. Wahrscheinlich

[KM 8670] DAKAR, SENEGAL *

Bangert setzt zur Île de Gorée über. Die Insel vor Dakar war im 19. Jahrhundert Umschlagplatz des Sklavenhandels

und Midelt hielt mich die Polizei an. Ich sei sechs Stundenkilometer zu schnell gefahren, die Radarpistole beweise es, sagten die Beamten. Sie wollten 400 Dirham, umgerechnet etwa 35 Euro. Ich handelte sie auf 50 Dirham herunter. Als ich auf Arabisch sagte, ich sei Journalist, gaben sie mir das Geld zurück.

Den Hohen Atlas überwand ich auf dem Schotterweg von Midelt über den Cirque de Jaffar nach Imilchil und weiter durch die Dades-Schlucht bis Ouarzazate. Eine Route, die durch abgelegene und verarmte Dörfer führt. Sobald ich in eine Siedlung einfuhr, trommelten Kinder und Jugendliche gegen die Scheiben des Landrovers. Sie versuchten, die Türen aufzureißen, sogar während der Fahrt sprangen sie auf den Dachgepäckträger. Das war eher nervenaufreibend denn gefährlich, nur einmal wurde ich richtig wütend: als ein paar Jungs mir Klappstuhl und Klapptisch vom Dach stehlen wollten. Laut fluchend und mit den Fäusten drohend, sprang ich aus dem Auto, verscheuchte die Halbstarken und sammelte meine Ausrüstung wieder ein, die in einer schlammigen Pfütze gelandet war. Ein echter Camper kennt keinen Spaß, wenn es um seine Utensilien geht.

*** NOUADHIBOU, MAURETANIEN [KM 6544]**

VOM SÜDEN MAROKKOS bin ich in ein Gebiet gefahren, das auf meiner Landkarte als „Westsahara" bezeichnet wird – obwohl es diesen Staat gar nicht gibt. Die einstige spanische Kolonie wird von Marokko kontrolliert, nachdem sich marokkanische Truppen und die örtlichen Polisario-Rebellen einen gut 15 Jahre andauernden Bürgerkrieg geliefert haben. Das geforderte Referendum zur Unabhängigkeit wurde nie abgehalten. Der Krieg macht sich bis heute bemerkbar: Entlang der Küstenstraße, einer der wenigen Teerstraßen des Landes, wird auf weißen Schildern mit roten Totenköpfen davor gewarnt, ins Gelände zu fahren: Minen! →

[KM 10 602] MADIBAYA, MALI *

»Eine schwierigere Strecke habe ich noch nie im Leben überstanden«, sagt Bangert. Einheimische lassen Autos in der Regenzeit stehen. Aus gutem Grund: Eine Schlammschlacht kann Stunden dauern

[KM 12 499] **DUENZA, MALI** *

Aus der Sandebene nördlich der Falaises de Bandiagara ragen bis zu 150 Meter hohe Felsen empor

280 Kilometer nördlich der mauretanischen Grenze habe ich außerhalb von Dakhla auf einem Campingplatz angehalten. Als ich den Motor ausgeschaltet hatte, saß ich wie gelähmt in meinem Auto, das Lenkrad noch umfasst, den Sicherheitsgurt angelegt. Es gab so viel zu tun. Aber ich war völlig erschöpft und wusste nicht, womit ich beginnen sollte. Also notierte ich: Tankentlüftung reparieren, Luftfilter reinigen, Lebensmittel kaufen, Reisebericht schreiben, Reiseführer lesen, Route weiter planen, E-Mails beantworten … Die Liste wurde endlos.

Ein Großteil der Arbeiten, die auf mich warteten, war an meinem Laptop zu erledigen. Die digitale Technik ist ein Fluch. Zeit, in der ich eigentlich Menschen kennenlernen, das Land erkunden und fotografieren sollte, verbringe ich damit, auf einen Bildschirm zu starren. Das ist sehr frustrierend. Andererseits wäre diese Reise ohne Computer nicht möglich. Als Fotograf leite ich meine kleine Firma aus dem Auto heraus. Wann immer ich in ein Internetcafé gehe, kämpfe ich mich durch E-Mails. Von Südspanien aus habe ich Rechnungen bezahlt. In Marokko habe ich mich mit der amerikanischen Steuerbehörde auseinandergesetzt. In Westsahara habe ich Texte für mein Buch über den Irak geschrieben. Ich reise, obwohl ich arbeite. Was dabei herauskommt, ist ein abenteuerlicher Kompromiss.

Mit meinem Satellitentelefon wäre es kein Problem, ein tägliches Internet-Tagebuch zu führen. Ich habe mich jedoch dagegen entschieden und berichte lediglich alle vier Wochen auf meiner Website. Dafür schreibe ich jeden Abend in mein kleines blaues Tagebuch. Nur für mich.

* **DAKAR, SENEGAL** [KM 8670]

ES IST DUNKEL. Ich sitze auf meinem Beifahrersitz, in der klebrigen Hitze des Autos. Die Fenster sind geschlossen, zum Schutz gegen Moskitos. Plötzlich spüre ich, dass sich rechts von mir etwas bewegt. Ich drehe den Kopf und blicke direkt in ein großes, dunkles Gesicht, nur durch die Glasscheibe von meinem getrennt. Ein Augenpaar blickt mich an, ernst und durchdringend. Mir stockt der Atem. Es dauert einige Momente, bis ich den Nachtwächter des Privatstrands erkenne, an dem ich campieren darf. Der riesige Mann, der einen Ledermantel trägt und mit einer Steinschleuder bewaffnet ist, stellt seinen Plastikstuhl neben mein Auto und verbringt darauf die Nacht. Schlafend.

Hinter mir liegen 500 Kilometer Offroad, von Nouadhibou, einer Hafenstadt im Norden Mauretaniens, bis Atar im Westen. Die Strecke folgt den Gleisen, auf denen der angeblich längste reguläre Zug der Welt Eisenerz an die Küste transportiert. Seine Waggons bilden eine zweieinhalb Kilometer lange Kette, die von drei Lokomotiven gezogen wird. Es ist sehr eindrucksvoll, den Zug durch die Wüste fahren zu sehen. Für diesen Abschnitt habe ich mich mit zwei Griechen zusammengeschlossen; in weiser Voraussicht, wie sich herausstellen sollte: Tagelang haben wir riesige Dünenfelder und Geröllplateaus durchquert. Und immer wieder ist eines unserer beiden Fahrzeuge im Treibsand versunken. Wir schaufelten stundenlang, bei 41 Grad Celsius, legten Sandbleche unter die Reifen, um sie zu befreien.

Mein Auto tut unelegant und schwerfällig, aber treu seinen Dienst, einem Maulesel gleich. Der einzige Nachteil ist, dass der Wagen keine Klimaanlage hat. So fahre ich bei offenem Fenster und lasse mir den Wüstenwind ins Gesicht wehen. Das hat zur Folge, dass das Innere des Landrovers komplett mit feinem Sand bedeckt ist, der nach und nach in die Sitze, in den Schlafsack, die Kleidertasche, die Küchenbox, in meine Ohren dringt. Auch zwischen den Zähnen knirscht es.

Während der Tage in der Wüste wird mir meine eigene Verwundbarkeit immer wieder bewusst. Ich mache oft die Erfahrung, dass es Dinge gibt, die ich nicht beeinflussen kann. Manchmal setzt mich dieser Gedanke regelrecht unter Druck. Dann fühle ich mich ruhelos, unzufrieden und nervös. Gestresst wie im Alltag, dem ich eigentlich zu entkommen versuche. Jeder Langzeitreisende hat irgendwann mit diesem Paradox zu kämpfen. Da hilft es nur, noch langsamer zu werden.

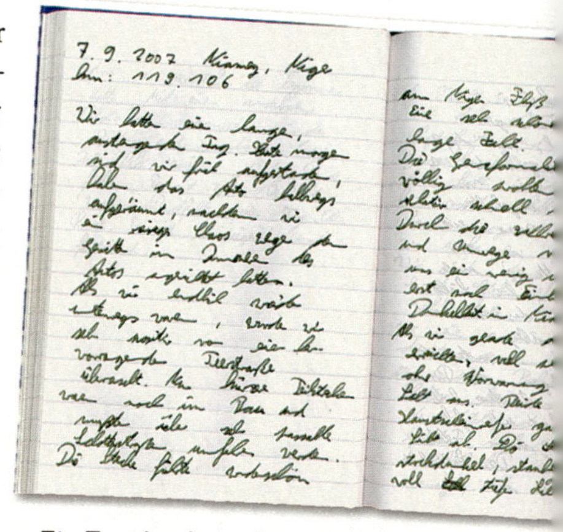

Ein Tagebuch, in dem auch die Lebensleistung des Autos vermerkt wird: 119 106 Kilometer

*** TIMBUKTU, MALI [KM 12 721]**

DIES IST EIN SAGENUMWOBENER, geradezu mythischer Ort. Timbuktu! Handelszentrum am südlichen Rand der Sahara, abgelegen, unzugänglich, fantastisch reich und von Leben erfüllt. So lautet die Legende, die man mir immer wieder erzählt hat.

Es war ein weiter Weg hierher. Von Kayes im Westen Malis bin ich nach Bafoulabé am Ufer des Senegal-Flusses gefahren, von dort weiter nach Bamako, der Hauptstadt. Eine schwierigere Strecke habe ich noch nie im Leben überstanden. In Westafrika herrscht Regenzeit, die viele Straßen und Wege für Wochen unpassierbar macht. Bald schon merkte ich, dass ich der einzige Autofahrer weit und breit war. Die wenigen Menschen, die ich traf, waren zu Fuß, auf dem Fahrrad oder mit leichten Motorrädern unterwegs. Meist musste ich die Straßen erst mit Steinen ausbessern, bevor ich fahren konnte. Oft genug ließ ich den Landrover stehen und inspizierte den weiteren Weg zu Fuß. Einen halben Tag lang folgte ich den frischen Spuren eines Lastwagens, froh, mich an ihnen orientieren zu können. Bis ich auf den stark motorisierten, aber hilflosen Koloss traf; er war mit beiden Achsen in einem →

[KM 12 721] TIMBUKTU, MALI *

Morgentee von einem freundlichen Tuareg. In den Monaten seiner Reise schüttelt Bangert so viele Hände wie nie zuvor

[KM 11855] DJENNÉ, MALI *

»Tagelang pendelte ich zwischen der Schlafkoje und dem Plumpsklo«, schreibt Bangert über Djenné. Zu sehen gibt es mehr: Die Moschee ist eine der größten Lehmbauten weltweit

metertiefen Schlammloch versunken. Sein Fahrer und dessen Helfer sahen erschöpft und hungrig aus. Ich teilte meinen japanischen Reis mit ihnen.

Das Auto von unten bis oben verdreckt, erreichte ich schließlich Bafoulabé. Eine Fähre brachte mich und meinen Besitz, einen Esel und ein paar Hühner über den Fluss. In fünf Tagen hatte ich 160 Kilometer geschafft. Mein Abenteuer, das wird mir immer bewusster, besteht nicht aus der Anzahl an Kilometern, die ich in einer bestimmten Zeiteinheit zurücklege. Es besteht daraus, wie ich sie zurücklege.

»Stadtplan« für Nouakchott, die in der Sahelzone liegende Hauptstadt Mauretaniens

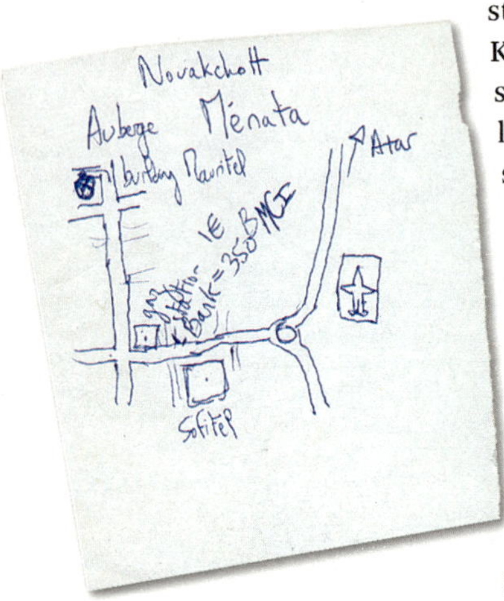

Nach Bafoulabé wurden die Straßen besser. In Bamako am Niger machte ich ein paar Tage Pause, dann steuerte ich weiter nach Djenné. Dann wurde ich krank. Tagelang pendelte ich zwischen der Schlafkoje meines Landrovers und dem Plumpsklo der Herberge, in deren Innenhof ich geparkt hatte. Ich hatte Durchfall und Fieber. Bevor ich krank geworden war, wog ich 64 Kilo, danach 58.

Um meine Genesung zu feiern, fuhr ich endlich nach Timbuktu. Den Weg dorthin genoss ich sehr. Er führt durch eine atemraubende Landschaft: ein Meer aus Sanddünen, durch die sich der Niger schlängelt. Je näher ich Timbuktu kam, desto größer wurde meine Vorfreude. Aber sie wurde enttäuscht. Timbuktu, früher einmal Umschlagplatz des Trans-Sahara-Handels, ist heute wenig mehr als ein staubiges Nest. Die alten Moscheen, die vielleicht einen Besuch wert wären, darf man nicht besichtigen. Der Markt ist klein und unbedeutend. Timbuktu ist eine Stadt, die von ihrer Vergangenheit lebt.

*** NIAMEY, NIGER [KM 13 686]**

IM LICHT MEINER STIRNLAMPE versuche ich, die Verschraubung des Armaturenbretts zu lösen. Obwohl es mitten in der Nacht ist, läuft mir der Schweiß in die Augen, den Nacken hinab. Ich habe meinen Wagen am Rande einer großen Ausfallstraße geparkt, nicht weit vom Zentrum Niameys, der Hauptstadt des Niger. Vor einer Stunde sind die beiden Hauptscheinwerfer ausgefallen. Mit den Zusatzleuchten, die am Dachgepäckträger montiert sind, bin ich weitergefahren. Bis mich die nigrische Polizei stoppte. Der Beamte, der nun grimmig vor dem Wagen ausharrt, hat meine Fahrzeugpapiere und den Führerschein in der Hand.

Von Timbuktu, vielleicht ist das der Grund für den Defekt, war ich auf einer stark versandeten Piste entlang des Niger nach Osten gefahren, bis Gao. Dort nahm ich Kurs nach Süden, passierte die Grenze zwischen Mali und Niger. Ich hatte mich spontan für diese Strecke entschieden, und dachte eigentlich, dass sie ein Glücksfall sei. Das passiert mir oft. Meine Reise hat kein Konzept. Ich lebe mit der Ungewissheit. Das ist mein Abenteuer.

Wie also komme ich dieses Mal aus der misslichen Lage? Mit einem Spannungsmessgerät kontrolliere ich die elektrischen Verbindungen. Der Lichtschalter muss defekt sein! Ich durchtrenne zwei Kabel mit einem Seitenschneider, verbinde sie provisorisch und überbrücke so den unterbrochenen Kontakt. Die Scheinwerfer leuchten wieder.

Leider gibt sich der Polizist unbeeindruckt. Er hält mir einen Vortrag darüber, dass ich die Verkehrsregeln der Republik Niger zu beachten hätte. Dann blickt er auf seine billige Plastikuhr und sagt, ohne eine Miene zu verziehen: „Normalerweise braucht man für eine solch einfache Reparatur fünf Minuten weniger, als Sie gebraucht haben.“ Ohne Schmiergeld zu verlangen, überreicht er mir meine Papiere.

[KM 13 258] GAO, MALI *

Öffentlicher Personennahverkehr auf dem Weg in den Niger. Auch der Deutsche nimmt Fahrgäste mit

[KM 18 433] ZINDER, NIGER *

Noch blickt Bangert etwas skeptisch. Die Richtungsangabe des nigrischen Tankwarts erwies sich aber als richtig

* AKWIDAA, GHANA [KM 15 616]

ES GELINGT MIR IN AFRIKA SELTEN, Menschen zu fotografieren. Die meisten wollen nicht aufs Bild. Andere nur gegen Geld oder Geschenke. Es ist schwer, den Graben zu überwinden, der mich samt meinem materiellen Reichtum von den Menschen und ihrer eklatanten Armut trennt. Daran ändert auch die Tatsache nichts, dass ich viele Bekanntschaften mache. Ich habe nie zuvor so viele Hände geschüttelt wie in den vergangenen vier Monaten. Dennoch bleibt die Distanz.

Ab und zu begegne ich Reisenden, die ähnlich unterwegs sind wie ich. In Mauretanien traf ich Motorradfahrer auf Weltreise. Einen Franzosen in seinem Citroën 2CV, einer „Ente". Ein britisch-belgisches Paar mit seinem alten Landrover 110. Zwei Dortmunder mit einem Toyota Landcruiser. In Niger lernte ich einen älteren Franzosen mit einem umgebauten Peugeot-Krankenwagen kennen. Und zwei Schwaben mit einem blauen Mercedes-Lastwagen. In Ghana begegnete ich einer niederländischen Familie auf dreijähriger Afrikatour; danach einem bayerischen Ehepaar, das im Ruhestand mit einem Nissan Patrol die Welt bereist. Dazu kam Jarle, der von Südafrika nach Norwegen fährt und dabei jedes einzelne Land besucht. Und Frans aus Holland, der in einem kleinen weißen Opel schläft.

Auf meinem weiteren Weg von Niger nach Ghana fuhr ich durch Burkina Faso und seine Hauptstadt Ouagadougou. Das Land ist genauso arm wie es seine Nachbarländer sind, aber es wird von den freundlichsten Menschen bewohnt, die ich in Westafrika getroffen habe. Danach ging es über den Mole-Nationalpark in Ghana an die Küste, von der trockenen Buschvegetation des Sahel in die Tropen.

Jetzt stehe ich direkt am Meer unter Palmen und versuche, ein paar Tage zur Ruhe zu kommen.

* MAROUA, KAMERUN [KM 19 740]

DANIEL, EIN MECHANIKER AUS KONSTANZ am Bodensee, schaffte es tatsächlich, die Vorderachse meines Landrovers zu reparieren. Vor zwei Jahren hat er sich →

[KM 21253] BANYO, KAMERUN *

Ein Händler hat seine Pomelos an der Hauptstraße kunstvoll aufgeschichtet. Bangert greift nach dem Foto dennoch zu

Pass mit Stempeln aus Togo, Benin, Niger und Nigeria sowie mit Visabescheinigungen für Mali, Burkina Faso und Benin

in Accra, der Hauptstadt Ghanas, niedergelassen. Hier will er sich seinen Traum erfüllen und eigene Autos bauen. Zwei Prototypen sind bereits fertig.

Von Ghana bin ich über Togo, Benin und Niger bis nach Nigeria gereist. In dem bevölkerungsreichsten Land Afrikas habe ich genau drei Tage verbracht und während dieser Zeit 30 Checkpoints passiert, die von Polizisten, Soldaten oder Zollbeamten besetzt waren. Elf Mal bin ich angehalten worden.

Beim ersten Mal fragte ich mich noch, wieso sich ein nigerianischer Dorfpolizist um den Zeitpunkt meiner letzten Gelbfieberimpfung sorgt. Dann wurde mir schnell klar, dass sich hier niemand für meine Gesundheit interessierte – sondern Bargeld verlangt war. Noch schneller verstand ich, dass es ein hoffnungsloses Unterfangen ist, an das Ehrgefühl eines nigerianischen Beamten zu appellieren. Jegliche Versuche, die Korruption Afrikas im Alleingang zu bekämpfen, enden in Frustration. Im Vergleich zu den einheimischen Reisenden, die regelmäßig hohe Bestechungsbeträge bezahlen müssen, kommt man als Europäer sowieso meistens glimpflich davon. Oft reicht es schon, freundlich zu bleiben, einen Witz – am besten auf eigene Kosten – zu machen oder etwas Essbares zu überreichen. So summierten sich die Bestechungsgelder, die ich in Nigeria ließ, auf acht Bonbons, zwei Plastikkugelschreiber und ein Viertel kaltes Brathähnchen vom Vortag. In Afrika geht es nicht ums Prinzip. Es geht darum, pragmatisch und flexibel zu sein.

[KM 15 619] DIXCOVE, GHANA *

Parkplatz unter Palmen, der andere neidisch macht. Für den Abenteurer eine Atempause zwischen Strapazen

Die Straßen Nigerias sind streckenweise mit tiefen Schlaglöchern übersät. Es ist unvermeidbar, dass man das Auto ab und zu in eines der Löcher setzt. Aber jedes Mal wieder empfinde ich als Fahrer, der sein Auto liebt, diese Beinahekatastrophen als Niederlage. In Kamerun dagegen bestehen die Straßen oft aus knietiefem Morast, in dem überladene Lastwagen regelmäßig hängen bleiben. An besonders gefährlichen Passagen lungern junge Männer herum, die in den Dörfern entlang der Straßen wohnen. Als ich vor einem Truck stoppen musste, der hoffnungslos im Schlamm steckte, begriff ich: Die Männer verdingen sich als professionelle Ausbuddler. In diesem Fall allerdings blieben sie untätig. Offenbar hatte der Fahrer nicht genügend Geld, um sie zu bezahlen. Da kümmerte es auch niemanden, dass die Fahrer von etwa 50 Lastwagen und 20 Autos darauf warteten, weiterzukönnen. Erst nach langem Hin und Her kam Bewegung in die wie zu einem Standbild gefrorene Situation: Mit einem Stahlkabel wurde das Hindernis aus seinem Loch gezogen.

* LIMBÉ, KAMERUN [KM 21 648]

ICH BIN SEHR STOLZ. Nach fast 20 000 Kilometer Fahrt durch Westafrika habe ich Limbé in Kamerun erreicht, das erste große Etappenziel meiner Reise. Hier werde ich erst einmal eine längere Pause einlegen. Bevor ich durch Gabun, Kongo, die Demokratische Republik Kongo, Angola und Namibia bis Südafrika reise. Und danach durch Botswana, Simbabwe, Sambia, Malawi, Mosambik, Tansania, Burundi, Ruanda, Uganda, Kenia, Äthiopien, Eritrea, Sudan, Ägypten, den Nahen Osten, die Türkei und Osteuropa – bis zurück nach Hause. Das ist die Theorie. Denn eines immerhin habe ich gelernt auf dieser Reise: Es kann immer etwas schiefgehen. Eine Krankheit würde mich lahmlegen, ein Unfall bedeutete Totalausfall. Aber so ist das eben mit den wahren Abenteuern: Planbar sind sie nicht. →

Christoph Bangert, 29, will „zwischen April und Juli 2008" zurück in Deutschland sein. Seine Reise ist unter www.africa.christophbangert.com weiterzuverfolgen.

▶ AFRIKA

Das Wichtigste für die große Fahrt

Alles an Bord? Christoph Bangerts unverzichtbare Wegbegleiter

EINE AFRIKAREISE mit dem eigenen Fahrzeug erfordert präzise Vorbereitung: Für die Planung benötigen Sie möglichst genaue Informationen – auch wenn sich vor Ort dann oft genug zeigt, dass die eigene Vorstellung den afrikanischen Gegebenheiten angepasst werden muss.

Karten

Einen Überblick bietet **Michelin Nordwest-Afrika**, Übersichtskarte Nr. 741, 1 : 4 000 000; diverse Länderkarten hat das **Institut Geographique National (IGN)**, *www.ign.fr*. Die Karten sind bei **> Das Landkartenhaus**, *Wiesbaden, Tel. 06 11/99 30 90, www.landkartenhaus.de*, erhältlich.

Bücher

Aus der Vielzahl an Reiseführern, die sich mit dem Kontinent Afrika befassen, haben sich folgende für Individualreisende als besonders nützlich erwiesen:

Klaus, Erika und Astrid Därr: Durch Afrika. Streckenbeschreibungen und GPS-Koordinaten, Reise Know-how, Band 2, 11. Auflage 2002, 22,50 €.

Anthony Ham u. a.: West Africa. Country and Regional Guide, Lonely Planet Publications, 6. Auflage 2006, 23,95 €.

Bob Gibbons und Siân Pritchard-Jones: Africa Overland. 4 x 4, Motorbike, Biycicle, Truck, Bradt Travel Guides, 4. Auflage 2005, 16,95 €.

Chris Scott: Sahara Overland 2. A Route and Planning Guide, Trailblazer Publications, 2. Auflage 2004, etwa 30 €.

Visa

Die für eine Fahrt bis Kamerun erforderlichen Visa können unterwegs beantragt werden. Allerdings ist es wichtig, dies rechtzeitig zu tun: in Rabat, der Hauptstadt Marokkos, für Mauretanien. In Dakar, der Hauptstadt Senegals, für Mali, Niger, Burkina Faso, Ghana und Kamerun. In Accra, der Hauptstadt Ghanas, für Benin und Nigeria. Für alle anderen Länder bekommt man das Visum an der Staatsgrenze – oder es ist keines erforderlich.

Fahrzeug

Christoph Bangert ist mit einem Landrover Defender TDI, Baujahr 1998, unterwegs. Sein Fahrzeug hat er mit elektrischer Seilwinde, verstärktem Fahrwerk, Dachgepäckträger, vier Sandblechen, zweitem Ersatzrad, Zusatzscheinwerfern, Zyklonfilter zum Schutz vor Sand und Vorhängeschlössern an den Türen ausgestattet. Schaufel, Spaten, Bergegurte, Ersatzteile und Schmierstoffe sind außerdem ein Muss. Bangerts persönliche Empfehlung, was sonst noch an Bord sein sollte: GPS-Navigationsgerät von Garmin, Stirnlampen von Petzl, Satellitentelefon von Thuraya, BGAN-Satellitenmodem von Inmarsat, Packtaschen von Ortlieb und Lowepro, Aluminiumkisten von Zarges und – „das Wichtigste", wie er sagt – die Campingstühle seiner Mutter.

Spezialgeschäfte

> Därr Expeditionsservice *München, Tel. 089/28 20 32, www.daerr.de*

> Lauche & Maas *München, Tel. 089/88 07 05, www.lauche-maas.de*

> Matzker KFZ-Technik *Köln, Tel. 0221/546 32 36, www.matzker.de*

> Woick TravelCenter *Filderstadt, Tel. 0711/709 67 00, www.woick.de* ■

Der einzige Luxus auf der Reise: rosafarbenes Toilettenpapier

Australia.com
WIR HABEN DAS SILBER POLIERT.
DEN FELSEN BELEUCHTET.
UND DIE GECKOS UNTER DEM TISCH VERTRIEBEN.
SO WHERE THE BLOODY HELL ARE YOU?

TEXTE ¬ JUAN MORENO

Sie träumen nicht, sie wagen

Sechs Menschen, die ganz eigene Wege gehen und doch Widerstände erfüllen sie sich die

Andreas Kieling, 48, *Tierfilmer*

Er zeigt seinem Sohn die Schule des Lebens – Alaskas Wildnis

ANDREAS KIELING WAR 31 JAHRE ALT und Förster, als ihm klar wurde, dass es ihn in die Ferne zog. Kieling entschied sich für Alaska, wo er seit 1990 Tierfilme dreht: zuerst über Eisbären, dann über Karibus und Wölfe. So viele Monate verbrachte er in der Wildnis Nordamerikas, dass sich die Tiere an ihn gewöhnen konnten: Deshalb war Kieling der Erste, dem Aufnahmen von tauchenden Grizzlys gelangen. Einmal begleitete ihn sein Sohn Erik, damals zwölf Jahre alt, drei Monate lang zu Fuß, auf Skiern, in eisiger Kälte. Sie beobachteten Bären, Lachse und Karibus. Sie wärmten sich am offenen Feuer. Sie lernten, in der Wildnis zu überleben. Und sie sind fast gestorben: Als Erik bei minus 25 Grad Celsius im Eis einbricht, kann ihn sein Vater nur mit letzter Kraft herausziehen.

Wer Kieling Verantwortungslosigkeit vorwirft, dem begegnet er nüchtern: „Viele glauben, dass wir in Deutschland im Fullsize-Airbag leben, aber das stimmt nicht. Wenn ich einem Kanadier sage, dass ich mit meinem kleinen Sohn in der Wildnis war und Bären gesehen habe, findet der das schön. Wenn ich ihm aber erzähle, dass es in Deutschland Väter gibt, die mit 200 Stundenkilometern samt ihrem Sohn im Kindersitz über die Autobahn rasen, dann hält er uns Deutsche für komplett wahnsinnig." →

Die Grizzlys kennen ihn schon: Sie interessiert es kaum, dass Andreas Kieling gerade ein Abenteuer besteht

eines gemeinsam haben: Gegen alle Sehnsucht, aus ihrem Leben etwas Besonderes zu machen

Carmen Rohrbach reist meist allein und weiß sich deshalb auch in der Mongolei zu helfen

Carmen Rohrbach, 54, *Schriftstellerin*

Die DDR ließ sie die Grenzen der Freiheit spüren. Heute gibt es für sie keine Grenzen mehr

CARMEN ROHRBACH WEISS SCHON FRÜH ganz genau, was sie will: Forscherin werden, reisen, fremde Völker studieren. Leider ist der Wunsch nach Fernreisen von den vielen Wünschen, die in der DDR gehegt werden, der unmöglichste. Carmen Rohrbach beschließt, Biologie zu studieren. „Ich dachte, so bekäme ich die Erlaubnis, wenigstens ins sozialistische Ausland zu reisen, nach Kuba, in die Mongolei oder nach Sibirien."

Weil sie Verwandte in Westdeutschland hat, werden ihre Anträge auf Forschungsreisen abgelehnt – dreimal nacheinander. Verzweifelt fasst die junge Frau einen folgenschweren Entschluss: Mit ihrem Freund besteigt sie in Nienhagen bei Rostock ein Schlauchboot, in dem beide rund 50 Kilometer bis zur dänischen Grenze paddeln wollen. Als sie in den Suchscheinwerfer eines DDR-Patrouillenschiffes geraten, zerstechen sie ihr Boot. Und schwimmen weiter – 28 Stunden lang durch die Ostsee. Die Besatzung einer polnischen Hochseejacht entdeckt sie schließlich in internationalen Gewässern und meldet den Vorfall. Carmen Rohrbach und ihr Freund werden wegen Republikflucht zu zwei Jahren und acht Monaten Gefängnis verurteilt. Nach zwei Jahren kauft die Bundesrepublik das Paar frei. Im Westen trennen sich die Wege der beiden.

Carmen Rohrbach weiß zunächst nicht, was sie mit ihrer neu gewonnenen Freiheit anfangen soll. Dann aber fährt sie kurz entschlossen nach Seewiesen am Starnberger See, um sich beim Max-Planck-Institut für Verhaltensphysiologie vorzustellen. Sie schreibt ihre Doktorarbeit – und unternimmt endlich die erste große Reise: Auf die Galápagos-Inseln, wo sie ein Jahr lang das Leben von Meeresechsen studiert.

Mittlerweile arbeitet Rohrbach als Reiseschriftstellerin. Ihre Arbeit hat sie etwa in den Jemen geführt, wo sie Arabisch lernte, von Beduinen im Umgang mit Dromedaren unterwiesen wurde und 1000 Kilometer durch die Wüsten ging. Und endlich hat sie auch die Mongolei erkundet. Eine Reise, die sie lange hinauszögerte: „Dieses Land war mein Ziel, seit ich denken kann. Deshalb hatte ich Angst, dort meine Träume zu zerstören." Carmen Rohrbach fuhr trotzdem – und hat es nicht bereut.

❄❄❄ Benedikt Böhm, *31, Speedbergsteiger* ❄❄❄

Wo andere sich Zeit nehmen, will er möglichst schnell sein – und rennt die Berge hinauf

BENEDIKT BÖHM NENNT SICH »SPEEDBERGSTEIGER«. Im Herbst 2007 wollte er den Manaslu im nepalesischen Himalaya bezwingen, einen der höchsten Berge der Welt. Böhm ging es dabei nicht einfach um eine Besteigung des 8163-Meter-Riesen. Mit Sebastian Haag, einem Freund aus Schultagen, wollte er so schnell wie möglich auf den Gipfel – vom Basislager in die Todeszone und auf Skiern zurück in weniger als 24 Stunden.

Andere Bergsteiger benötigen für ähnliche Vorhaben mindestens eine Woche. Sie nähern sich dem Gipfel langsam und vorsichtig. Die Anstrengung, die Kälte, die mangelnde Versorgung des Körpers mit Sauerstoff: Das alles lässt es angeraten sein, in Etappen aufzusteigen. Böhm und Haag aber hatten es sich in den Kopf gesetzt, in einem Zug zu klettern und abzufahren, ohne längere Pausen. Sie verzichteten auf Zelt, Kocher und Notfallausrüstung. „Komplett clean", sagt Böhm. Komplett verrückt, sagen Kritiker, die Speedbergsteigern vorwerfen, etwas in die Berge zu tragen, was dort nicht hingehöre: Hetze und Rekordsucht; Speed eben.

Böhm arbeitet als internationaler Vertriebsleiter einer Bergsportfirma, ein Vollzeitberuf. Vor der Expedition zum Manaslu stand er regelmäßig um vier Uhr früh auf, fuhr 60 Kilometer in die Berge, rannte 2000 Höhenmeter auf einen Gipfel, fuhr zurück und saß um neun Uhr im Büro. Haag, der Tierarzt ist, absolvierte ein ähnliches Pensum.

Am Manaslu aber war das Wetter gegen die beiden. Weil die Lawinengefahr zu groß wurde, mussten sie auf 7400 Metern umkehren und ins Basislager absteigen. Dort warteten sie auf eine zweite Chance – vergebens. Ob er sich erneut am Manaslu versuchen wird, weiß Böhm nicht. Er will sich noch nicht entscheiden. Für diesen Entschluss braucht er Zeit. →

Für Benedikt Böhm ist der 8163 Meter hohe Manaslu lediglich eine Tagestour

Louis Palmer, 36, *Weltverbesserer*

Er findet, alle Autos sollten mit Solarstrom fahren. Seines macht es schon mal vor

LOUIS PALMER SCHAFFTE ES KÜRZLICH, einen ganzen Saal voller Journalisten zu irritieren. Auf einer Pressekonferenz in Riad, Saudi-Arabien, pries er lautstark seine Vision: Auf der ganzen Welt sollten nur noch Autos mit Solarstrom fahren. Nun dürften saudische Scheichs mit kaum einem Zukunftsszenario mehr Schwierigkeiten haben als mit der Vorstellung, dass es bald keine Tankstellen mehr geben könnte. Aber Palmer war das egal. Seit Juli 2007 ist er auf einer Mission: Einmal um die Welt will er in einem solarbetriebenen Elektromobil kommen, um zu beweisen, dass dies allein mit der Kraft der Sonne möglich ist: 50 000 Kilometer, 50 Länder, in rund 16 Monaten.

Die Idee zu dieser Reise hatte Palmer mit 14 Jahren. Damals las er zum ersten Mal über Solarmobile und zeichnete erste Entwürfe seines „Solar-Globetrotters". Er sagt: „Als Kind dachte ich: Wenn ich groß bin, fahren ohnehin alle damit." Warum sollten Menschen weiterhin Rohstoffe verbrennen, wenn sie die Energie auch aus dem Himmel beziehen könnten? Nur: „Irgendwann", sagt Palmer, „war ich Anfang 30 und merkte, dass niemand dazugelernt hatte." So beschloss er, selbst aktiv zu werden.

Der technische Autodidakt las alles, was er zum Thema Solartechnik und Batteriekapazität finden konnte. Er suchte Sponsoren, die sein Abenteuer finanzieren wollten. Er motivierte ein Team aus 70 Helfern, ihm ein kleines dreirädriges Fahrzeug mit einem Solarzellenanhänger zu entwerfen. Palmer ist Grundschullehrer, er ließ sich beurlauben: „Es kann doch nicht sein, dass alle vom Klimawandel reden und keiner etwas tut."

In Dubai bringt Louis Palmers Solarmobil Spitzenleistung: Den Rohstoff Sonne gibt es im Überfluss

Im australischen Outback beschützte Hund Rufus die Katzers vor wilden Kamelen und Giftschlangen

Tanja und Denis Katzer, 37 + 48, Weltenbummler

Seine Reise ist ein Lebensprojekt: 30 Jahre will das Ehepaar rund um den Globus unterwegs sein

TANJA UND DENIS KATZER MACHEN KEINE REISE. Sie haben ein Lebensprojekt: 30 Jahre lang wollen sie unterwegs sein, für die längste dokumentierte Expedition der Menschheitsgeschichte. Seit 1991 lebt das Ehepaar seinen Traum aus. Denis, damals 31 Jahre alt, hatte eine Ausbildung zum Einzelkämpfer bei der Bundeswehr hinter sich und arbeitete als Verkaufsleiter. Seine Passion aber galt dem Reisen. Er besuchte Urvölker in Südamerika und Papua-Neuguinea. Schließlich beschloss er, seinen Beruf aufzugeben und „die große Reise" zu beginnen. Seine Frau Tanja, eine gelernte Reiseverkehrskauffrau, die zudem als Fotomodell jobbt, kündigte ebenfalls.

Seither haben die Katzers einen Alltag, um den sie viele beneiden. Über 266 000 Kilometer haben sie mittlerweile zurückgelegt. 7000 Kilometer davon zu Fuß und mit Kamelen im australischen Outback. Sie durchquerten den Sinai. Nun wollen sie fünf Jahre mit dem Fahrrad durch Osteuropa und Asien fahren. Nach Deutschland kommt das Paar nur noch sporadisch. „Um", wie Denis Katzer sagt, „mal Urlaub zu machen." ■

ungen? Erzählen Sie sie allen:
GEO-Reisecommunity.de
MITMACHEN. ENTDECKEN. PLANEN.

VOM LEIDEN IN DER POL-

Eine nie untergehende Aprilsonne lässt die Männer zügig vorankommen – solange ihre Skier auf ebener Eisfläche gleiten. Das aber ist den Touristen auf dem Weg zum nördlichsten Punkt der Erde äußerst selten vergönnt

Sieben Arktis-Novizen, allesamt Chefs im heimischen Büro, haben für sich die Herausforderung Nordpol gebucht. In einem Bruchteil ihres Jahresurlaubs wollen sie den nördlichsten Punkt der Erde erreichen. Ein gut organisiertes Abenteuer, doch dann schlägt das Wetter um

FOTOS ¬ THOMAS ULRICH UND JOST VON ALLMEN TEXT ¬ WOLFGANG BAUER

POSITION

Wer hier war, weiß,
WAS KÄLTE WIRKLICH IST

Bei minus 35 Grad Celsius klebt selbst am Bart von David Fasel Raureif. Damit die Bekleidung nicht gefriert, muss sie immer wieder sorgfältig ausgebürstet werden. Erst dann kann man sich, wie hier Thomas Ulrich, eine Suppe kochen

Wer gefeit sein will, MUSS SORGFÄLTIG PLANEN

Am sechsten Tag im Eis naht ein Sturm. Während sie ihre Pulkas ausräumen, die Zelte aufbauen, müssen die Expeditionsteilnehmer schnell und vorsichtig zugleich sein: Denn in der Kälte können die Zeltstangen brechen

Während des Marsches
ZÄHLT KEIN VERZAGEN

Eine schwarze Neoprenmaske lässt lediglich Marcel Kaufmanns Augen und Nase frei. Seine wilde Fellkapuze hat eine nützliche Funktion: Ihre Haare brechen den Wind in viele kleine Wirbel, die leichter zu ertragen sind

Nach der Landung BEGINNT DIE EINSAMKEIT

Ein russischer MI-8-Helikopter setzt die Gruppe eine Flugstunde von der Station »Barneo« entfernt am 89. Breitengrad ab. Vor den Eiswanderern liegen 111 Kilometer und sieben Tage Fußmarsch

»DAS IST DIE SCHWIERIGSTE ALLER FRAGEN«, SAGT URS DÜGGELIN. »OB ICH ES WIEDER MACHEN WÜRDE? ICH WEISS ES NICHT«

D**AS ZITTERN** reißt ihn aus dem Schlaf, seine Muskeln beben. Es ist zwei Uhr nachts. Grelles weißes Licht strahlt von einer um diese Jahreszeit nicht untergehenden Sonne. Der 64-jährige Urs Düggelin liegt zusammengekauert im Zelt, in einem arktistauglichen Schlafsack, unter sieben Kleiderschichten. Dennoch friert er so erbärmlich, als stünde er nackt im Polarwind. „Was mache ich hier?", denkt Düggelin. Seine Fingerspitzen sind gefühllos, weiß bis zum Knöchel, als habe er sie in Mehl getunkt. Bei minus 35 Grad Celsius beginnt auch die Nase zu erfrieren, er spürt es. Düggelin, der mit dem Verlegen von mittelalterlichen Faksimiles vermögend wurde, hat rund 20 000 Euro bezahlt und sich ein halbes Jahr gewissenhaft auf das „Abenteuer Nordpol" vorbereitet. Nun droht die Reise, die ein Höhepunkt seines Lebens sein sollte, in den Tod zu führen. Düggelin trifft eine schwierige Entscheidung.

„Es geht nicht mehr", sagt er dem Expeditionsleiter am nächsten Morgen. „Fliegt mich mit dem Hubschrauber raus." Wenig später entschwindet für Düggelin der Nordpol, untermalt vom Knattern eines russischen MI-8. Die verbliebenen Touristen seiner Gruppe halten nicht lange inne, bald kämpfen sie sich weiter jenem magischen Ort entgegen, der eigentlich nichts anderes als ein geografisches Konstrukt ist: der Punkt, an dem die gedachte Erdachse die Erdoberfläche berührt. Robert Edwin Peary behauptete, diesen Punkt am 6. April 1909 als erster Mensch erreicht zu haben (siehe Seite 12).

Während Peary diesem Ziel Jahre seines Lebens geopfert hatte, haben sich die Extremtouristen für den Marsch zum Nordpol ganze zwei Wochen Zeit genommen, ein Drittel ihres Jahresurlaubs.

Ihr Führer ist der Berufsabenteurer Thomas Ulrich. Ein untersetzter, durchtrainierter Mann aus dem Berner Oberland, etwas scheu, mit blauen Augen, „ein Tier", wie die Nordpolreisenden anerkennend sagen. In den vergangenen Jahren →

lebte der dreifache Familienvater davon, Abenteuer zu bestreiten und zu fotografieren. Eigernordwand, Patagonien, Everest und immer wieder der Pol. Mehrfach ist Ulrich allein oder mit einem Begleiter in der Arktis gewesen. Doch der 40-Jährige weiß, dass in diesem Beruf die besten Zeiten bald hinter ihm liegen und er sich umorientieren muss.

Diese Expedition mit Touristen ist die erste, die er als Veranstalter betreut. Körperlich für ihn nicht mehr als ein Aufwärmprogramm, wirtschaftlich aber eine Nagelprobe. Die Urlauber sind anspruchsvoll, sieben Geschäftsleute und Unternehmensgründer, darunter der Chef des Reiseveranstalters, der die Polreise vermarktet. Wird der Trip in den höchsten Norden ein Desaster, wären Ulrichs Zukunftspläne dahin. „Es sind spezielle Leute", sagt der gelernte Zimmermann. Nervöser als seine Gäste ist er zum Flughafen Zürich gefahren. 7. April 2007, fünf Uhr, Einchecken für den Flug nach Spitzbergen. Expeditionsauftakt.

»Wohin?«, hatten viele Freunde vor Reiseantritt immer wieder entgeistert gefragt und die Antwort mit einem „Spinnt ihr?" quittiert. Bis die Düggelins aufhörten, von der geplanten Unternehmung zu erzählen. Der Nordpol, wissen sie nun, ist nichts zum Angeben. Auch die Kollegen von Marcel Kaufmann, dem ebenfalls auf Pol gebuchten Schwiegersohn in spe, konnten wenig mit dem nächsten Urlaubsziel ihres Logistikleiters anfangen. „Keiner hatte eine Vorstellung", sagt Kaufmann. Er selbst auch nicht – bis Düggelin ihn zu dieser Reise überredete.

Nach einer Nacht
ENDET SEIN ABENTEUER

Im Zelt hat er keinen Schlaf gefunden, die Fingerspitzen sind gefühllos, die Nase ist angefroren: Der 64-jährige Urs Düggelin trifft eine schwierige Entscheidung. Er lässt sich ausfliegen, der Traum vom Nordpol zerplatzt

Die Kälte ist ein Faustschlag, unter dessen Wucht die Knochen schmerzen. Sie fährt schockartig in die Lungen, als Düggelin und Kaufmann zwei Tage nach ihrem Abflug in Zürich aus einem russischen Kurzpistenjet steigen. Ihr erster Gedanke: „Wir hatten ja keine Ahnung, was Kälte ist." Vor ihnen liegt die Eisstation „Barneo", die ein russisches Unternehmen jedes Jahr im April auf das Treibeis des 89. Breitengrades setzt. Nach vier bis fünf Wochen versinkt sie wieder im schmelzenden Ozean. Forschern, Abenteurern und geführten Expeditionen dient die Zeltstadt als Basisstation. „Come on! Come on!", brüllen russische Piloten die Neuankömmlinge an, die ihr Gepäck bei laufendem Motor entladen, vom Jet zum Helikopter schleppen.

Nach einer weiteren Stunde Flug sind Düggelin und Kaufmann zum ersten Mal allein in völliger Stille. Ihre Welt ist reduziert auf einen endlosen weißen Strich.

Vom 89. Breitengrad aus soll es auf Skiern 111 Kilometer zum 90. Breitengrad gehen, dann zurück per Hubschrauber zur Station Barneo. Die Karte mit der Expeditionsroute ist auch auf jenem eisblauen Prospekt abgedruckt, den Yvonne Düggelin, die Ehefrau des Verlegers, sechs Monate zuvor schon fast ins Altpapier werfen wollte. „Nicht nur für Extremsportler", stand auf dem Faltblatt. „Leben Sie Ihren Wunsch nach Abenteuer aus." Etwas für Urs, dachte Frau Düggelin und hob das Faltblatt auf.

Es läuft von Anfang an nicht gut für ihren Mann. Er braucht zu lange, um mit dem zukünftigen Schwiegersohn sein Zelt aufzustellen. „Ich hätte das vorher im Garten üben sollen", ärgert er sich.

Die tiefen Temperaturen haben auch Ulrich überrascht, der mit minus zehn, maximal mit minus 20 Grad Celsius gerechnet hatte. Es gibt jetzt nur zwei Möglichkeiten, sich gegen die extreme Kälte zu schützen: sich bewegen oder sofort in den Schlafsack steigen. Düggelin weiß aus anderen Wintersporturlauben, dass er bei Kälte unter Durchblutungsstörungen leidet. Die ersten Erfrierungen zieht er sich zu, weil er beim Toilettengang außerhalb des Zeltes zu lange braucht.

Bevor Düggelin die Gruppe verlässt, schließt er Kaufmann in die Arme. „Vielleicht wäre es noch eine Nacht lang gegangen", grübelt der verhinderte Polheld im Flugzeug nach Spitzbergen. Der Inselgruppe im Nordpolarmeer kehrt er nach der Erstbehandlung im Krankenhaus so schnell es geht den Rücken, für die Schneeberge des Archipels hat er kein Auge mehr. Das ist der größte Kraftakt des Urs Düggelin auf dieser Expedition: die Rettung nicht als Niederlage zu sehen.

89° 13' Nord, 87 Kilometer bis zum Nordpol. Marcel Kaufmann macht weiter. „Was ist der Nordpol?", meditiert er während der monotonen Märsche der nächsten Tage. „Ist er ein Quadratmeter? Ein Quadratzentimeter? Ab wann kann ich →

Dann die Erkenntnis: EINE HÜRDE WAR ZU HOCH

Nachdem der Sturm die Männer 48 Stunden in Zelten festgehalten hat, müssen sie die Expedition abbrechen. Vergebens haben sie an den Tagen zuvor die 35 Kilogramm schweren Schlitten über Eispressungen gewuchtet

Im beheizten Zelt ZUM WARTEN GEZWUNGEN

André Lüthi behält die Karten in der Hand, David Fasel (rechts) will vor allem zurück zu seiner Herzdame. Vier Tage müssen alle in Barneo ausharren, bis eine Antonow sie abholen kann. Der Sturm hatte die Landebahn zerstört

sagen, ich war da?“ Die Gesichtsmaske über die Ohren gezogen, hört Kaufmann nichts. Er sieht auch fast nichts, nur das Schlittenende des Vordermanns, seine eigenen Skispitzen und ein wenig Schnee links und rechts. Unter ihnen liegen zwei Meter dickes Eis, dann bis zu 4000 Meter schwarzer Ozean. Immer dann, wenn sie Verwerfungen aus übereinandergeschobenen Eisplatten überqueren müssen, wird die Eintönigkeit unterbrochen.

In 15-Minuten-Abständen umkreist Ulrich seine Kolonne, überprüft bei jedem, ob die Schutzkleidung noch richtig sitzt. Er will kein Risiko eingehen. Dicht wie Astronautenanzüge sollte die Funktionsbekleidung sein; All und Arktis verzeihen keine Fehler.

In 150 Kilometer Entfernung meldet eine andere Gruppe die Sichtung einer Eisbärenmutter mit Jungen. Für solche Begegnungen trägt Ulrich eine Magnum im Rückenhalfter. Ein Zahnarzt unter den Teilnehmern wird nervös. 89° 35' Nord, nur noch 47 Kilometer bis zum Pol.

Rasch nähern sie sich ihrem Ziel, einmal legen sie 22 Kilometer am Tag zurück, aber noch immer wird aus den sieben Eistouristen kein Team. Einzeln kämpfen sie sich dem Pol entgegen: lauter Chefs, jeder mit sich im Eis allein. Nach einer Woche sind sie sich so fremd wie am Abflugtag in Zürich. „Es gab keine Gruppe“, wird Kaufmann später sagen.

Sturm kommt auf und leichter Schneefall, Sicht nahezu null. Die Männer verkriechen sich in ihren Zelten, sie lesen Krimis, als lägen sie während einer Geschäftsreise im Hotel. Ein Tag vergeht, ein zweiter. Sie essen Curryreis, pinkeln in Flaschen, um sich draußen keine Erfrierungen zu holen. Und ständig schauen sie auf ihre GPS-Geräte.

Die Abenteurer erleben den Tanz des Treibeises, den Albtraum der ersten Arktisforscher: Mal driften sie, in ihren Schlafsäcken liegend, 15 Kilometer auf den Pol zu. Dann treiben die Schollen mit ihrer menschlichen Fracht wieder zehn Kilometer vom Pol weg. „Behalte das GPS immer gut im Auge“, bittet Kaufmann seinen Zeltgenossen. „Nicht, dass wir den Pol verpassen.“

Wind und Schnee lassen nicht nach, auch die Wetterberichte, die Ulrichs Büro ihm täglich per Satellitentelefon sendet, verheißen nichts Gutes. Die Entscheidung, seine Gruppe zu evakuieren, trifft der Expeditionsleiter am Morgen des 16. April. „Wir schaffen es nicht rechtzeitig“, eröffnet er den Teilnehmern – nicht rechtzeitig, um den gebuchten Rückflug nach Zürich zu erreichen. Die wenigsten seiner Kunden sind enttäuscht, keiner will weitere Tage im Sturm abwarten, um doch noch zum Pol zu kommen. Sie müssen Termine einhalten, der Zahnarzt hat eine OP, Marcel Kaufmann wird im Autohaus zurückerwartet. Die Grenzen, die sie im Extrem hatten ausloten wollen, setzt jetzt ganz banal die Normalität.

„Wollt ihr noch kurz zum Nordpol?“, fragt der Hubschrauberpilot, als er bester Laune neben den Männern landet. Fünf Minuten später setzen sie auf einer Eisfläche auf, die sich in nichts von der Umgebung unterscheidet. Eine Malaiin steigt mit ihnen aus. Sie hat sich von der Forschungsstation herfliegen lassen und wird nun fotografiert – selbstverständlich ohne den blau-orangefarbenen Hubschrauber.

Im April sind zahlreiche Touristengruppen unterwegs, der Nordpol ist längst als Markt entdeckt. „Am Abenteuer auf der arktischen Eisfläche teilhaben, bevor diese für immer verschwunden sein wird“, wirbt auch der Werbeprospekt von Thomas Ulrich. Die Diskussion um die Klimaerwärmung kurbelt das Polgeschäft an. Die Russen, die die Station Barneo betreiben, erhöhen ihre Preise beständig, in den vergangenen drei Jahren um mehr als 30 Prozent.

Als kluger Organisator hat Ulrich die Route so gelegt, dass seine Gruppe auf dem Eis niemandem begegnet. Das würde das Expeditionsflair zerstören. Doch jetzt, in der warmen Station Barneo, treffen sie aufeinander. Marcel Kaufmann lernt ein Dutzend Schotten kennen, Amerikaner, Belgier. Sie alle müssen ausharren, weil die Landepiste in Stücke gebrochen ist und wegen der gestiegenen Temperaturen nicht wieder zufrieren will. Also spielen die Touristen Karten. Zähneputzen ist nur an eigens ausgeschilderten Plätzen gestattet, damit das Eis nicht überall verschmutzt wird. So viele Menschen, die ihre Zahnpasta ausspucken möchten, gibt es hier.

Mit drei Tagen Verzögerung schafft es die Gruppe von Thomas Ulrich in die Heimat zurück. Weitere zwei Monate später kommt das Gefühl in Düggelins Fingerspitzen wieder. Längst feilt der Unternehmer an neuen Abenteuern. „Mit dem Jeep die Seidenstraße abfahren!“, begeistert er sich. Seine Frau winkt ab. „Dieses Mal wäre es mir doch lieber“, sagt sie, „wir nehmen den Zug.“ →

Am Höhepunkt KEINE HOCHSTIMMUNG

Ein Helikopterflug ermöglicht doch noch eine kurze Stippvisite am ersehnten Ziel. Fotograf **Thomas Ulrich** (Dritter von rechts) hätte den Weg zum Nordpol lieber aus eigener Kraft geschafft. Autor **Wolfgang Bauer** (nicht im Bild) hat ebenfalls ein Faible für Extremes: Als Hobby-Höhlenforscher zieht er die Tiefe jedoch „eindeutig“ der Kälte vor.

▶ NORDPOL

Sicher durch das ewige Eis

Die besten Tipps von Thomas Ulrich für das Überleben in der Kälte

DER APRIL IST DER EINZIGE MONAT, um zum Nordpol zu wandern: Die Sonne geht nicht unter, die Eisdecke ist stabil, die Temperatur für diesen Breitengrad relativ hoch – um minus 20 Grad Celsius. Ausreißer nach oben und unten sind möglich. Man sollte dies bei der Vorbereitung berücksichtigen, denn körperliche Anstrengung empfindet man bei großer Kälte oft als härter.

Fit für den Pol

VORBEREITUNG: Wer den Nordpol zu Fuß erreichen will, muss niedrige Belastungen über einen langen Zeitraum (sieben bis zehn Stunden) aushalten können. Zum Trainieren sollte man sich in den Wintermonaten möglichst oft draußen aufhalten. Schneeschuhwanderungen und Skitouren erfordern in etwa dieselbe Mischung aus Kraft und Ausdauer, die auch auf Arktisreisen verlangt wird. Ein zusätzliches Lauftraining – dreimal pro Woche in langsamem Tempo über längere Strecken – dient als ideale Ergänzung. Wer testen will, ob er den Anforderungen einer Nordpolexpedition gewachsen ist, oder wer das Gefühl für Extreme zu einem günstigeren Preis haben möchte, kann sich Reisen nach Spitzbergen, Grönland, ins sibirische Kamtschatka oder in das kanadische Yukon Territory anschließen (siehe Seite 147).

ESSEN: Den Bedarf an Kalorien deckt man in der Kälte am besten über gefriergetrocknete, nährstoffreiche Expeditionsnahrung, die mit kochendem Wasser zubereitet wird. Als Faustregel gilt: Frauen verbrauchen bei Schneewanderungen in Extremlandschaften um 4000, Männer um 5000 Kalorien am Tag.

BEKLEIDUNG: Auf Unterwäsche aus Kunstfasern lässt sich in der Eiswüste getrost verzichten. Ratsam ist Bekleidung aus Wolle, in der man weniger schwitzt. Dennoch muss man während einer Reise über das Treibeis seine Kleidung ständig der wechselnden Temperatur anpassen. Auch an den Füßen ist Hightech nicht nötig: Bewährt haben sich einfache Segeltuchschuhe mit einem Innenschuh aus dickem Wollfilz. Diese sind weniger steif als normale Bergschuhe und deshalb bequemer. Eine Plastiktüte über den Socken dient als Dampfsperre, sodass der Schuh trocken bleibt.

Die Expeditionsroute erschließt nach den Flügen Oslo–Spitzbergen und Spitzbergen–Barneo nur einen winzigen Teil der arktischen Eisfläche: einen Breitengrad

SCHLAFEN: Schlafsäcke für den Nordpol sind mit Kunstfasern gefüllt, da diese weniger Feuchtigkeit als Daunen aufnehmen. Mit in den Schlafsack kommen die Socken und die Innenschuhe. Es empfiehlt sich, auch die wasserdichte Überhose während des Schlafens nicht auszuziehen: Unter den Zelten können sich Risse in der Eisschicht bilden, dann muss man schnell nach draußen kommen. Um Wärmeverlust zu vermeiden, sollte man zu mehreren im Zelt schlafen.

KÄLTESCHUTZ: Gesicht und Fingerkuppen werden mit Fettcreme ohne Wasserbestandteile eingerieben, sonst reißt die Haut wegen der extremen Kälte.

Anbieter

Das **Abenteuer Nordpol** von Thomas Ulrich beginnt mit einem Flug von Oslo nach Spitzbergen. Von dort erreicht man mit einer Antonow 74, einem Kurzpistenjet für 30 Passagiere, nach drei Stunden Flug die russische Eisstation Barneo. Ein Helikopter transportiert die Teilnehmer weiter zum 89. Breitengrad. Hier beginnt die eigentliche Reise: 111 Kilometer zum nördlichsten Punkt der Erde in sieben bis zehn Tagen für 20 900 € inklusive Flug. **> Thomas Ulrich** *Interlaken, Tel. 0041-33/823 47 08, mail@thomasulrich.com, www.thepole.ch*. Buchung in Deutschland über *www.amical.de*.

Der erfahrene Polarreisende Michael Vogeley führt die **Skitour zum Endpunkt** für den DAV Summit Club. Sein Programm beinhaltet eine viertägige Vorbereitungsphase auf Spitzbergen. Die 19-tägige Reise kostet inklusive Flug 26 480 €. **> DAV Summit Club** *München, Tel. 089/64 24 01 14, info@dav-summit-club.de, www.dav-summit-club.de*.

Der Norweger Børge Ousland gehört zu den kompetentesten Polarexperten weltweit: Er war allein an Nord- und Südpol, zudem gelangen ihm Solo-Durchquerungen der Arktis und Antarktis. Sein jüngster Erfolg war eine Durchquerung mit Thomas Ulrich von Franz-Josef-Land. Ouslands **The last degree** dauert zwölf Tage ab Spitzbergen und kostet 20 900 €. **> Børge Ousland** *Tel. 0047-92/42 47 00, post@ousland.no, www.ousland.com*. ■

1

2

3

4

ABENTEUER HEIMAT

Wie fühlt sich Freiheit an? Um das herauszufinden, schickte GEO Special Harald Martenstein quer durch Deutschland – ohne Terminplan, ohne Ziel. Sein einziger Begleiter sollte der Zufall sein

FOTOS ¬ **HEIKE OLLERTZ**

1 Lindau liegt bereits im Abendlicht, als Autor Harald Martenstein aus Berlin eintrifft. 2 Ob er sich im Strandbad Arbon spontan zu einer Schlammpackung entschließt, ist nicht bekannt. 3 Sicher dagegen, dass er sich auf dem Bodensee-Radrundweg kaum eine Pause gönnt. 4 Und zwar, um rechtzeitig auf die Fähre nach Meersburg zu steigen

DIE REDAKTION SAGT: Reise eine Woche durch Deutschland! Nimm den Zug oder das Fahrrad, wandere, fahr Auto, egal. Plane nichts. Lass dich vom Zufall lenken. Sei frei. Im Grunde ist das die Mutter aller Abenteuerreisen. Eine Reise ins Ich. Aber klingt dieser Auftrag, wenn man beginnt, darüber nachzudenken, nicht widersprüchlich? Freiheit heißt, sich entscheiden zu können. Der Zufall dagegen nimmt uns Entscheidungen ab. Andererseits – bedeutet es nicht gerade die größtmögliche Freiheit, nichts entscheiden zu müssen?

Normalerweise bin ich ein Planungsfreak, ich bereite Urlaube sorgfältig vor, lese vorher viel. Das Einzige, was ich diesmal im Griff habe, ist der Inhalt meines Rucksacks. Acht Kilogramm für eine Woche. Nur das Nötigste, vor allem Kleidung, der Laptop und eine Deutschlandkarte. Pro Tag ein T-Shirt, dazu zwei Ersatzshirts. Und zwei Bücher: „Das Handwerk der Freiheit“ von Peter Bieri, einem Philosophen. „Das erschöpfte Selbst“ des französischen Soziologen Alain Ehrenberg. Auch darin geht es um Freiheit und Selbstbestimmung.

Ich fahre also zum Berliner Hauptbahnhof. Es ist August. Wochenende. Mittagszeit. Ich will ans Wasser. Das habe ich entschieden. Nordsee, Ostsee oder Bodensee. Ich werde den ersten Zug Richtung Meer nehmen. In ein paar Minuten geht einer nach Frankfurt/Oder, das hieße Ostsee, wenigstens grob. Hamburg, in einer knappen Stunde, hieße Nordsee. Ich versuche, nicht auf die Abfahrtzeiten zu schielen. Es klappt nicht ganz. Noch drei Minuten, sehe ich, dann fährt der ICE nach München. Ich renne los Richtung Bahnsteig. →

Schon immer wollte ich mit dem Rad rund um den Bodensee fahren. Die Ostsee kenne ich ganz gut, auf Nordsee hatte ich, warum auch immer, gerade keine Lust. Mir ist klar, dass ich manipuliert habe. Ich habe bewusst entschieden, jetzt aber bitte schnell, habe ich gedacht. Nicht nach Frankfurt/Oder, sondern Richtung München. Weil eine innere Stimme mir eben doch 13 Uhr 37 zugeraunt hat, Umsteigen in Ulm, Ankunft am Bodensee um 21 Uhr 54.

IN LINDAU FINDE ICH, trotz Hochsaison und später Stunde, sofort ein Zimmer gegenüber vom Bahnhof, günstig und ganz okay. So wird es in dieser Woche immer sein. Man kann mitten in der Ferienzeit auf gut Glück durch Deutschland reisen, sofern man gegenüber den Hotelzimmereinrichtungen tolerant ist und auch eine Nacht lang Gelsenkirchener Barock erträgt.

Der Soziologe Alain Ehrenberg schreibt, dass Freiheit Depressionen verursacht. Seit dem Zweiten Weltkrieg, deutlicher noch seit den 1960ern, sei die Depression geradezu ein Massenphänomen geworden. Der Stimmungsaufheller Prozac sei deshalb nicht nur einer der größten Hits in der Geschichte der Pharmaindustrie, sondern ein Sinnbild unserer Zeit. Was Aspirin für den Kopf ist, das ist Prozac für die schmerzende moderne Seele.

Aber wie kann denn etwas so Gutes und Richtiges wie die Freiheit unsere Seele traurig machen? Jede freie Entscheidung, erklärt mir Ehrenberg, bedeutet Verzicht. Noch vor wenigen Generationen war, durch unsere soziale Herkunft, durch Normen und Traditionen vieles geregelt. Der Lebenspartner wurde von der Familie zumindest mitbestimmt, der Berufsweg ebenfalls. Unsere Großeltern blieben meist dort wohnen, wo sie geboren waren. Ihren Tagesablauf schrieben die Verhältnisse vor. Die Menschen standen unter Zwängen. Aber sie waren nicht verantwortlich. Schuld am Glück oder Unglück ihres Lebens waren im Wesentlichen andere.

»Warum werde ich eigentlich das verdammte Leistungsdenken nicht los?« Erst im Rheindelta entsagt Martenstein innerem Zwang – und steigt vom Rad

Heute dagegen bin ich selbst schuld, wenn mein Leben mir misslungen erscheint. Heute ist jede Entscheidung zugleich eine Absage an 1000 andere Möglichkeiten. Entscheide ich mich für einen Partner, dann sage ich Nein zu allen anderen, die ebenfalls infrage kämen. Werde ich Arzt, dann lehne ich eine Anwaltskarriere ab, für die ich, wer weiß, womöglich besser geeignet wäre. Reise ich im Urlaub nach Indien, dann habe ich die Möglichkeit Island ausgeschlagen. Ob es mir in Island aber nicht doch besser gefallen hätte als am Strand von Kerala, steht in den Sternen. Wählen heißt verzichten. Sogar wenn wir Erfolge feiern, gibt es niemals eine Antwort auf die Frage, ob sie, hätten wir andere Entscheidungen getroffen, nicht noch größer ausgefallen wären. Der traditionelle Mensch orientierte sich am Vorbild seiner Eltern, der moderne Mensch orientiert sich an jenen, denen alles gelingt. Das, so Ehrenberg, mache viele depressiv: „Depression ist die Krankheit einer Persönlichkeit, die versucht, nur sie selbst zu sein."

RUND 150 KILOMETER, die kürzere Version des Bodensee-Radrundweges, das ist in zwei Tagen zu schaffen. Aber Moment mal, warum werde ich eigentlich das verdammte Leistungsdenken nicht los? Erst im Rheindelta mit seinen katzengroßen Stechmücken gelingt mir das: Ich lasse das Radfahren gut sein und nehme das Schiff nach Rohrschach, Schweiz. Acht Kilogramm Gepäck bin ich eben doch nicht gewohnt. Hinter Rohrschach, in Arbon, gibt es ein bezauberndes Strandbad. Dort kaufe ich Sonnencreme, und dann bin ich auch schon in Konstanz, fahre am nächsten Morgen zur Fähre nach Meersburg, von Meersburg mit heiterem Gemüte und besonntem Körper Richtung Friedrichshafen.

In Friedrichshafen besuche ich das Zeppelinmuseum und stelle fest, dass sie dort detailgetreue Modelle des legendären, 1937 verunglückten Luftschiffs „Hindenburg" verkaufen, bei denen das Hakenkreuz durch ein schwarzes Kreuz ersetzt wurde. Man denkt, die „Hindenburg" sei im Auftrag des Vatikans geflogen. Ich möchte dies fotografieren, weil in einer ordentlichen Deutschlandreise auch der Aspekt NS-Vergangenheit vorkommen sollte, was aber beim Personal große Aufregung auslöst. Fotografieren ist strengstens verboten.

Ja, gut, fahre ich halt wieder, immer weiter mit dem Fahrrad, die innere Unruhe peitscht mich voran – direkt ins Seebad Lindenhof. Es ist später Nachmittag. Bis 24 Uhr fahren ab Lindau Züge. Aber jede Minute im Seebad verringert die Zahl meiner Optionen für die Weiterreise.

Dennoch bin ich nicht deprimiert, im Gegenteil. Muss ich entscheiden? Nein. Der Zufall entscheidet für mich. In Wirk- →

Eine Entscheidung ist die

1

2

3

4

Absage an Möglichkeiten

1 Weil »Augsburg schön sein soll«, fährt der Autor hin. 2 Auf die Frage, was in der Heimatstadt Bertolt Brechts am interessantesten sei, schickt man ihn in die Fuggerei. 3 Dort besieht er sich die 1521 für mittellose Augsburger gegründete Siedlung. 4 Und wundert sich, in welch kleine Betten der Mensch einst passte

1 In Naumburg fühlt sich Martenstein an ein »studentenfreies Tübingen« erinnert. 2 Mit Abenteurern älteren Semesters setzt er über die Saale. 3 Und verkostet willig den Wein einer Gegend, die er als »versorgungstechnisch ungeschliffenen Edelstein« empfindet. 4 Um die Reise schließlich mit einem Höhepunkt zu krönen: dem Besuch seiner Heimatstadt Berlin

Der freie Wille steht unter

1

2

3

4

dem Diktat des Zufalls

lichkeit probiere ich auf dieser Reise nicht die Freiheit aus, sondern das Gelenktwerden durch eine höhere Macht, die ich allenfalls ein wenig manipulieren kann. Im Sinne des Soziologen Ehrenberg bin ich also kein moderner Mensch, der unter der depressiv machenden Qual der Wahl leidet, sondern ein traditionelles Exemplar. Ich muss die Dinge nehmen, wie sie kommen. Mir geht es wie dem Bauern, der nicht weiß, ob es am nächsten Tag regnen oder ob die Sonne scheinen wird. Dabei fühle ich mich so wohl wie selten auf einer Reise. Es ist ein großartiges Gefühl, an einem Bahnhof zu stehen, und alles darf einem egal sein. Kein Termin, keine Eile, keine Pläne – nicht einmal der Zwang, sich zu entscheiden. Nur eine vage Neugier darauf, wo man am Abend wohl zu Bett gehen wird.

VOM VORALPINEN habe ich erst einmal genug, jetzt soll es etwas Städtisches sein. Augsburg, warum nicht? Bertolt Brecht stammt aus Augsburg, oder? Irgendwo habe ich gehört, dass Augsburg schön sein soll. Der Zug nach Augsburg, 19 Uhr 58, ist leider defekt, also lande ich im Zug nach München, wo ich erfahre, dass ich in einem Ort namens Buchloe doch noch Richtung Augsburg umsteigen kann. Im Hotel frage ich nach dem Frühstück die Dame von der Rezeption: „Was ist in Augsburg eigentlich am interessantesten?" So lande ich in der Fuggerei.

Die Fuggerei ist ein Dorf in der Stadt. Süße Häuschen, plätschernde Brunnen, ach, Deutschland, wie schön du sein kannst! Jakob der Reiche, berühmtestes Mitglied der sagenhaft erfolgreichen Familie Fugger, gründete diese Siedlung 1521, für mittellose Augsburger. Bis heute zahlen die Bewohner für ihre putzigen Häuser an die Fugger-Stiftung eine Jahresmiete von genau 88 Cent. Dafür müssen sie dreimal täglich für die Seele von Jakob und seiner Familie beten. Das aber wird nicht überprüft.

Bei Peter Bieri, dem Philosophen, geht es unter anderem darum, dass es den „freien" Willen oder „die Freiheit" gar nicht gibt. Es gibt Einflüsse und Bedingungen. Ein völlig freier, im Raum schwebender, keinen Einflüssen ausgesetzter Wille stünde unter dem Diktat des Zufalls, das heißt, gerade solch ein Wille wäre unfrei. „Es gibt nichts Teuflischeres als die unbedingte Freiheit", steht in dem Buch, da diese Freiheit „vollkommene Ohnmacht einem unberechenbaren Willen gegenüber" bedeutet. Bieri ist ein Skeptiker des klassischen Freiheitsbegriffs, genau wie der Soziologe Ehrenberg. Auch der schreibt über „das glückliche Gefühl, nichts planen, nichts entscheiden, nichts denken zu müssen". Frei zu sein heißt für ihn aber nicht, ohne Bedingungen und Zwänge zu leben. Freiheit bedeute lediglich, mindestens zwei Möglichkeiten abwägen und sich bewusst entscheiden zu dürfen. Bei mir zum Beispiel ist die Bedingung der Freiheit der Fahrplan der Deutschen Bahn.

Von Augsburg fahre ich nach Frankfurt, Drehkreuz, das passt. Von Frankfurt will ich eigentlich Richtung Osten, weil ich im Osten vieles noch nicht kenne. Am Bahnhof werfe ich eine Münze. Weil es vier Richtungen gibt, lasse ich per Münzwurf jeweils zwei Richtungen gegeneinander antreten. Norden gegen Süden, Osten gegen Westen und so weiter, ein richtiges Turnier, der Sieger kriegt immer einen Punkt. Klarer Gewinner: der Norden mit drei Punkten. Der nächste schnelle Zug Richtung Norden führt über Kassel. Nach Kassel wollte ich schon lange. Immer kommt das heraus, was ich sowieso will.

Ich lese wieder Ehrenberg. Wir sind überfordert. Wir sollen uns einer Welt anpassen, die sich ständig verändert, an ein instabiles Provisorium. Die wichtigste Norm heißt: Sei ganz du selbst. Das ist nicht einfach. Um jemand zu werden, also, um uns kennenzulernen, benötigten wir zuerst einmal Grenzen, an denen wir uns aufreiben, und Autoritäten, wie es sie immer weniger gibt. Im Abenteuer, denke ich beim Lesen, suchen wir nach genau diesen Grenzen, nach einer Selbsterfahrung, die uns die heutige Gesellschaft nicht mehr bieten kann.

Jetzt fahre ich aber wirklich in den Osten! Ich wähle die Richtung Erfurt, Thüringen. Eigentlich will ich zum Kyffhäuser, weil dieses Gebirge ein altdeutscher Mythos ist. Aber das würde fast vier Stunden dauern, und von langen Bahnfahrten hat jeder Mensch irgendwann die Nase voll. Im Zug entscheide ich mich spontan um und steige in Naumburg, Sachsen-Anhalt, aus dem ICE – und zwar deshalb, weil mir bei früheren Bahnfahrten diese Gegend hübsch vorkam. Tatsächlich wirkt Naumburg auf reizende Weise süddeutsch, ein romantisches Domstädtchen, das mich mal an den Rhein, dann wieder an ein studentenfreies Tübingen erinnert. Wie so viele Orte in Ostdeutschland ist Naumburg im Zentrum blitzblank heraus- →

»Immer kommt das heraus, was ich sowieso will.« Für den Autor ist der Zufall, der über seine Reiseroute entscheidet, ein sehr toleranter Begleiter

geputzt, an den Rändern jedoch trist und verfallen. Friedrich Nietzsche hat hier gelebt.

Der Fahrradverleiher gibt mir den Tipp, nicht etwa das Tal der Saale entlangzuradeln, obwohl auch dies durchaus eine lohnende Tour sei, sondern das Tal der kleineren Unstrut. Weinberge, Mühlen, Burgen, üppiges Pflanzengewirr – an paradiesischer Aura können es die Gestade der Unstrut beinahe mit dem Bodensee aufnehmen. Mit dem Unterschied, dass man hier manchmal 20 Minuten lang keinen anderen Menschen trifft, was am Bodensee unmöglich wäre.

DAS TAL DER UNSTRUT ist auch ein Weinbaugebiet. Deshalb bin ich nur allzu willig, den hiesigen Wein zu probieren. Am Wegesrand taucht zwar hin und wieder ein Weinlokal auf, einmal sogar eine Besenwirtschaft, aber sie sind an diesem Donnerstag im August alle geschlossen, wegen eines Ruhetags, wegen der Mittagspause oder ohne Angabe von Gründen. Selbst Biergärten und Kioske, auf deren Vorkommen überall an den Radwegen unseres Vaterlandes Verlass ist, sind im bezaubernden Tale der Unstrut so dünn gesät, dass man die Gegend als versorgungstechnisch noch ungeschliffenen Edelstein in der Krone der deutschen Landschaften bezeichnen muss. Am Ende, staubig und halb verdurstet, erreiche ich einen Lebensmittelladen, in dem eine Dame, wenngleich skeptisch blickend, bereit ist, mir eine Flasche Sprudel zu verkaufen.

Als ich am Freitagnachmittag zum Bahnhof gehe, denke ich über die Ziele Leipzig oder Halle nach, dann überwältigt mich eine andere Idee: Naumburg liegt quasi vor den Toren Berlins, und Berlin, wo ich wohne, ist sehr interessant für Touristen. Die Redaktion hat angeordnet, dass ich eine Woche lang meine Wohnung nicht betreten dürfe, also steige ich im Savoy ab, einem bei Künstlern beliebten Haus mit dem Charme eines malerisch gealterten Grandhotels und einer der schönsten Bars überhaupt. Original 1950er-Jahre, Edelholz, begehbarer Humidor, Foto von Freddy Quinn an der Wand.

Es ist ein erhebendes Gefühl, die eigene Stadt als Tourist zu besuchen. Man bekommt sofort Respekt vor ihr. Am nächsten Morgen nehme ich die U-Bahn nach Hause.

Ich habe keine Abenteuer erlebt. Im Gegenteil. Ich habe erfahren, dass man in Deutschland völlig mühe- und gefahrenlos herumreisen kann. Selbst die Gefahr, eine Nacht auf der Parkbank oder in einem überheizten Zimmer verbringen zu müssen, ist minimal. Aber das, was der Abenteuerreisende sucht, ist auch nicht die Gefahr, er ist ja nicht lebensmüde. Er sucht, vermute ich, eine Grenze, und das Glück der Grenzüberwindung. Alain Ehrenberg, mein Reisebegleiter, sagt dazu, dass die Gesellschaft, in der wir leben, uns nicht mehr zur Gefügigkeit zwingt, sondern zu permanenter Initiative, zu ununterbrochenem Individualismus. Auch das kann Unterdrückung sein und einen fertigmachen. Eine mögliche Befreiung bestünde demnach wohl darin, sich ohne die ständige Frage danach, wer man ist und was man will, einfach treiben zu lassen.

Und habe ich nicht genau das getan? Ich habe mich wohlgefühlt. Ich würde es wieder tun. ■

SPIELREGELN FÜR DIE ZUFALLSREISE

WER EINE MÜNZE WIRFT, lässt den Zufall entscheiden: Kopf oder Zahl bestimmen das nächste Reiseziel. Das ist die einfachste Methode, ein Experiment à la Joël Henry zu wagen. Der französische Schriftsteller und Globetrotter entwickelte diese und andere Ideen für seine eigenen Reisen. Anhand festgelegter Spielregeln können Besucher, die eine Stadt abseits touristischer Pfade kennenlernen wollen, ihren Abenteuergeist wecken. Auch die Heimatstadt lässt sich so aus neuer Perspektive sehen.

Wer es schafft, sich von klassischen Verhaltensweisen zu lösen, erlebt, laut Henry, ein wirkliches Freiheitsgefühl. Einige seiner Ideen zum experimentellen Reisen verlangen allerdings eine gesunde Portion Selbstbewusstsein und Mut. Anfänger sollten sich zunächst an einem Klassiker wie **Ariadne's Thread** versuchen: Dabei fragt man eine im Telefonbuch willkürlich gewählte Person nach zehn Lieblingsorten und verbindet diese zu einer persönlichen Entdeckungstour. Alternative: Man erkundet eine Örtlichkeit und lässt sich dann – vom Barkeeper, der Putzfrau oder dem Museumswärter – zu Geheimtipps schicken. Spielregeln und „Laborberichte" in: **Joël Henry und Rachael Antony: The Lonely Planet Guide to Experimental Travel.** Lonely Planet Publications, 2005, 14,95 €; oder unter **www.latourex.org**.

An der Bar des Savoy-Hotels in Berlin endete für **Harald Martenstein**, 54, die Abenteuerreise. Fotografin **Heike Ollertz**, 40, durfte ihn nur selten treffen. Schlimmer noch: Martenstein rief sie jeweils sehr kurzfristig an: »Einmal quer durch Deutschland, bitte!«

Einige Monate nach der Rückkehr von ihrer Tibetreise posiert Alexandra David-Néel für die Kamera. Kleid, Rucksack und Bambusstock sind im Originalzustand. Sie selbst hat nach ihrer Erholung von den Strapazen etwas Gewicht zugelegt

Mit dem unbedingten WILLEN EINER FRAU

Lama Aphur Yongden und Alexandra David-Néel treffen 1914 aufeinander, er ist gerade 14 Jahre alt – 32 Jahre jünger als die Französin, die ihn später adoptiert. Zusammen reisen sie als »Mutter und Sohn« auch über eisige Himalaya-Pässe, bis Yongden mit 55 Jahren stirbt

TEXT ¬ **WALTER SALLER**

Im August 1911 verabschiedet sich Alexandra David-Néel von ihrem Mann. Keiner ahnt, dass die Trennung 14 Jahre währen wird. Während sie Asien bereist, setzt sie sich in den Kopf, als erste Europäerin die verbotene Stadt des Dalai Lama zu betreten: Lhasa

IHR HAAR IST GEFÄRBT mit chinesischer Tusche. „Tintenfrisur" nennt sie das. Sie hat sich in Bettlerkleidung gehüllt, das Gesicht bepudert mit einem Gemisch aus zerdrückter Holzkohle und gemahlenem Kakao. Und wenn sie irgendwo auf ihrer Reise durch das „verbotene Land" auf Menschen stößt, schneuzt sie sich mit den Fingern. So wie es die Bauern und Hirten in Tibet tun.

Die Einheimischen, denen sie begegnet, sehen in ihr eine Mongolin. Oder eine Chinesin. Oder eine Nomadin von der großen Hochebene im Inneren des Landes. Niemand käme auf den Gedanken, die 1,56 Meter kleine Frau für eine Europäerin zu halten, geboren am 24. Oktober 1868 in Saint-Mandé bei Paris und getauft als Louise Eugénie Alexandrine Marie David. Zu Hause wird sie Alexandra genannt.

Alexandra David, die ihrem Namen später jenen ihres Mannes, Néel, anhängen wird, ist eine willensstarke Frau. Gebildet, radikal bis zum Exzentrischen und oft auch sehr despotisch. Sie versteht sich als Gelehrte, als Künstlerin und Abenteurerin in einem.

Als Studentin der Religionswissenschaften wohnt sie in Paris, als Geheimbündlerin in London, als Sopranistin in Hanoi, als Theaterintendantin in Tunis. Dann wird sie Forschungsreisende. Und Buddhistin. Seit 1911 lebt Alexandra David-Néel in Asien. Auf Ceylon, dem heutigen Sri Lanka, in Indien, in China. Sie übersetzt Quellen aus dem Sanskrit und verfasst Texte über die Lehren der japanischen Philosophie. Sie trägt das Gewand einer Lamina, einer Oberin des tibetischen Buddhismus. Als einzige Weiße überhaupt.

Jetzt, im Herbst des Jahres 1923, ist David-Néel 55 Jahre alt und unterwegs im tibetischen Hochland. Zu Fuß und verkleidet als Bettlerin. Mit ihr reist Aphur Yongden, ein junger Lama aus Sikkim, den sie neun Jahre zuvor als Übersetzer und Berater eingestellt hat. Die beiden sind unzertrennlich. Obwohl Yongden häufig unter den Launen der herrischen Französin zu leiden hat.

Seit mehr als zwei Jahren ist das seltsame Paar, das sich als Mutter und Sohn ausgibt, nun schon auf Reisen im tibetischen Grenzgebiet. Am Rande einer kaum kartierten Region, einer der letzten weißen Flecken auf vielen Landkarten dieser Zeit. Nun dringen sie endlich ins Landesinnere vor.

Ihre Ausrüstung ist erbärmlich. Neben Stoffgewändern und Stiefeln besitzen die Wanderer eine regendichte Zeltplane, einen Aluminiumtopf, zwei Schüsseln, Löffel und Messer, Feuerzeug und Kompass. Unter der Kleidung tragen beide →

1921 erleichtern Tragetiere David-Néels Versuch, Lhasa zu erreichen. Zwei Jahre später durchquert sie die Flüsse Tibets zu Fuß und allein mit Yongden – und kann unentdeckt bleiben

Neujahrsfest 1924: Jenes Jahr beginnt, in dem Alexandra David-Néel nach mehreren vergeblichen Versuchen endlich Lhasa erreichen wird

einen Trommelrevolver. Und, versteckt in ihren Gürteln, ein wenig Gold und Silber. So wagen sie sich auf verschneite Pässe von über 5000 Meter Höhe. Ein aberwitziges, ein lebensgefährliches Unterfangen.

Alexandra David-Néel und Aphur Yongden marschieren mitten durch die Wildnis. Sie schlafen in Erdlöchern, Felsspalten und Höhlen, in aufgegebenen Klöstern. Sie hungern und frieren. Sie leiden unter Atemnot, an Durchfall. Oft sind sie völlig erschöpft. Wieder und wieder verlieren sie den Pfad, geraten in die Irre. In Dickichte, Tiefschnee, Steilwände. Und an Gletscherflüsse, die sie am Seil, hoch über reißenden Wassern, überqueren. Als einer der Stricke reißt, stürzt Alexandra David-Néel um ein Haar in den Tod.

Im Alter von 100 Jahren lässt sich

Ob sie gelegentlich ans Aufgeben denken? Yongden vermutlich schon, angesichts der gewaltigen Strapazen. Doch sie marschieren immer weiter. „Wie hypnotisiert von dem festen Willen, mein Ziel zu erreichen." David-Néel schreibt „mein Ziel", nicht „unser".

Eine festgelegte Route hat die Französin, die fließend Tibetisch spricht, nicht. Einen Bestimmungsort allerdings weiß sie: Lhasa. Sie will in die „verbotene Stadt" des Dalai Lama. In das Mekka der tibetischen und mongolischen Buddhisten. Von Osttibet auf der Karawanenstraße, die von der chinesischen Provinz Sichuan kommt. Ein langer, ein beschwerlicher Weg.

Warum aber will David-Néel nach Lhasa? Und das um jeden Preis? Es ist bereits ihr vierter Versuch, in die Residenz des lebenden Buddhas vorzudringen. „Mein Hauptansporn", schreibt sie, „war ganz einfach das strenge, unsinnige Verbot, Zentraltibet zu betreten. Ich wollte dafür kämpfen, dass endlich die Schranken niedergerissen würden, die in Innerasien um ein riesiges Gebiet gezogen worden sind, das sich annähernd vom 79. bis zum 99. Längengrad erstreckt."

DAS TIBETISCHE VERBOT, das allen Fremden untersagt, Tibet und Lhasa zu betreten, wird von den Engländern unterstützt. Diese haben eigene Interessen: Sie wollen ihre Kolonie Indien schützen. Bereits mehrfach geriet David-Néel mit der britischen Bürokratie in Konflikt; schon 1916 wurde sie aus Sikkim ausgewiesen. Jetzt, da sie quer durch Tibet reist – dessen Unabhängigkeit von China der 13. Dalai

Lama 1913 verkündet hat –, muss sie sich vor allem vor den Einheimischen in Acht nehmen.

Ob Alexandra David-Néel Lhasa erreicht oder scheitert, hängt also davon ab, dass ihre Maskerade unentdeckt bleibt. Sie und Yongden marschieren deshalb zumeist nachts. Im Winter 1923 ist sie zuversichtlich: „Die riesigen Gebirgsketten, die wir im Rücken hatten, gaben mir allmählich ein großes Gefühl von Sicherheit. Kein Mensch würde in einer so weltabgeschiedenen Region eine Ausländerin suchen. In dieser Einöde, wohin nie eines weißen Mannes Fuß gedrungen war." Außerdem beherrschen „Mutter und Sohn" bereits im Schlaf ihre Rollen als „Arjopas". Als Bettelpilger, die Tibet von einem zum nächsten buddhistischen Heiligtum durchwandern.

„Mittlerweile waren wir am Ufer des großen Blauen Sees angelangt, an dem von so vielen Tausenden von Tibetern und Mongolen hoch verehrten heiligen Kuku-nor. Die Regenzeit war vorüber, und ich sah das wundervolle Binnenmeer wieder, wie es im hellsten Sonnenschein dalag, sah all die Felseninseln, von denen die größte schon seit Jahrhunderten einigen Anachoreten als Wohnsitz diente."

Wohl gerne würde David-Néel die Eremiten auf dem Eiland aufsuchen. Denn einer ihrer Beweggründe, sich durch Tibet zu schleichen, ist der Wunsch nach spiritueller Erkenntnis und Erleuchtung. Schon als Kind in Frankreich hat sie Sätze wie „Man tut den Grashalmen weh, wenn man über den Rasen geht" gesagt. Ihr Vater hat daraus den Schluss gezogen, seine Tochter habe „eine weiße Haut, aber eine gelbe Seele".

DIE RELIGIÖSE SICHT DER DINGE prägt David-Néel tatsächlich. Vielleicht ist das spirituelle Band zur Kindheit der Grund, warum sie von Tibet geradezu besessen ist. Blind ist sie deshalb nicht. Sie sieht auch die unfassbare Armut, den gespenstischen Aberglauben und die mittelalterliche Theokratie – diese allmächtige Regierung aus lamaistischem Klerus und Feudaladel, die jede Reform in Tibet verhindert.

Auf den Besuch der Einsiedler muss David-Néel verzichten, weil es ihre Tarnung als Bettelpilgerin gefährden würde. So ziehen die Französin und der Lama weiter in Richtung Westen. Nun, da sie Lhasa so nah sind, wagen sie es, auch am Tag zu marschieren. „Wenn ich rechtzeitig zu den Neujahrsfeierlichkeiten" – nach westlichem Kalender im Februar 1924 – „in Lhasa eintreffen wollte, musste ich mich beeilen."

Sie steigen vom Temo-Pass hinab zum Fluss Tsangpo, die Stadt des Dalai Lama rückt in greifbare Nähe. „Wir waren nun auf der Poststraße, der einzigen in ganz Tibet. Zur Zeit der chinesischen Oberherrschaft diente sie dem Postverkehr von Peking nach Lhasa." Unermüdlich folgen die beiden Wanderer der Straße. Anfang Februar 1924 rasten sie in Dechen. Nach der Pause „verließ ich den Ort eines Morgens und hatte nun endlich nur noch eine Tagesreise bis Lhasa. Das Wetter war klar, trocken und kalt, der Himmel hell. Im rosigen Licht der aufgehenden Sonne erblickten wir den Potala, den riesigen Palast des lamaistischen Herrschers, zwar noch aus weiter Ferne, aber schon in majestätischer Größe."

Am Ziel: Yongden (links) und David-Néel (Mitte) vor dem Potala

Bald kann die Französin die Umrisse der einzelnen Golddächer unterscheiden. Und dann ist es endlich geschafft: Nach vier Monaten Marsch quer durch Tibet hat Alexandra David-Néel die Residenz des Dalai Lama erreicht. „Die Götter siegen!", ruft ihr Weggefährte Yongden. „Die Dämonen sind bezwungen. Wir sind in Lhasa!" Als Erstes besichtigt sie den Palast, dann die ganze Stadt. Zwei Monate bleibt sie. Die erste weiße Frau in Lhasa.

Im April 1924 verlassen Alexandra David-Néel und Aphur Yongden die Hauptstadt der Tibeter. Jetzt steht ihr noch der „lange, furchtbar lange Weg" zur tibetisch-indischen Grenze bevor. „Das eigentliche Abenteuer war zu Ende."

Alexandra David-Néel noch einmal den Pass verlängern. Vorsichtshalber

Am 10. Mai 1925 kehrt Alexandra David-Néel nach 14 Jahren in der Fremde zurück in ihr Heimatland. In Le Havre hat sich ein Empfangskomitee aus Beamten und Gelehrten versammelt. Sie verleihen ihr, dem „weiblichen Sven Hedin", die Goldmedaille der Geographischen Gesellschaft und das Kreuz der Ehrenlegion. Von nun an ist die Weltreisende eine Heldin und bald ein nationaler Mythos.

1941, da ist sie gerade in China, stirbt ihr Mann Philippe, den sie 1904 in Tunis geheiratet hat. Es ist kaum zu glauben, dass David-Néel überhaupt eine Ehe führte. Oft hat sie ihren Mann nicht gesehen. Aber geschrieben hat sie ihm auf ihren Reisen. Über 3000 Briefe. Im Laufe der Jahre verfasst die Abenteurerin auch mehr als zwei Dutzend Bücher: Reisebeschreibungen, ethnologische und buddhistische Abhandlungen, Romane. Ihr berühmtestes Werk aber bleibt: „Mein Weg durch Himmel und Höllen", die Schilderung ihrer Tibetreise, die 1927, ein Vierteljahrhundert vor Heinrich Harrers Welterfolg „Sieben Jahre in Tibet", erscheint.

Als Alexandra David-Néel sich im Alter in Frankreich niederlässt, adoptiert sie Aphur Yongden, jenen Lama, der sie auf ihren Reisen begleitet hat. Er soll ihr Erbe sein. Doch 1955 begeht er, wie sie sagen wird, die „Dummheit", vor ihr zu sterben. Ihre letzten Jahre verbringt David-Néel im südfranzösischen Digne. Im Alter von 100 Jahren lässt sie sich noch einmal den Pass verlängern. Vorsichtshalber. Aber für ihre letzte Reise am 8. September 1969 braucht sie den nicht mehr. Es ist der Tag, an dem sie stirbt. ■

Walter Saller, 51, ist Journalist in Berlin. Die Abenteuer und das Leben von Alexandra David-Néel begeistern ihn seit Langem.

Thomas Huber fixiert den nächsten Griff. Beim Klettern geht er ein kalkulierbares Risiko ein, der Sprung von der Großen Zinne in den Dolomiten dagegen kann lebensgefährlich sein

VOR JEDER TOUR

Als Berufsabenteurer sorgt Thomas Huber für Frau und drei Kinder. Und die sorgen sich um ihn. Denn das größte Abenteuer des Extremkletterers besteht darin, sich immer wieder selbst zu übertreffen – ob er will oder nicht

EIN VATERUNSER

FOTOS ¬ **HEINZ ZAK** TEXT ¬ **HOLGER GERTZ**

ES SIND ZWEI WELTEN, die sich treffen an einem Sommernachmittag in Kaufbeuren, auf der Terrasse vor dem Café Kirschkern, in dem ökologischer Rotwein ausgeschenkt wird und das reine Wasser der Marke Mozartquelle. Um einen Tisch herum stehen Passanten in Jeans und pastellfarbenen T-Shirts, viele Männer von Kaufbeuren verzichten auch zu ihren Sandalen nicht auf Socken mit Motivaufdruck. Sie kommen nicht zu nah, sie sind neugierig und zugleich auf Abstand bedacht. Wie Zoobesucher vor einem Gehege, in dem ein fremdes Tier ausgestellt wird.

Sie schauen auf Thomas Huber, der an dem Tisch sitzt, einen Filzstift in der Hand. Ein Packen Autogrammkarten liegt vor ihm, sauber gestapelt, um signiert zu werden. Die Menschen schauen zu Huber herunter, aber es sieht aus, als schauten sie zu ihm hinauf.

Er hat den finstersten Bartschatten hier, niemand außer ihm trägt Bergstiefel. Er ist der Einzige mit Sonnenbrille, die er sich ins lange Haar geschoben hat. Huber zieht die Kappe vom Filzstift, steckt sie zurück, zieht sie wieder ab, leise macht es plopp. Er wartet ab, ob sich jemand zu ihm wagt. Endlich fragt eine Frau: „Könnt ich so ein Kärtchen haben?“ Huber nickt, schreibt Thomas Huber auf die Karte und reicht sie, kurz aufblickend, in die Menge. „Vergelt's Gott“, sagt die Frau und wedelt mit der Karte durch die Luft, damit die Unterschrift trocknet. Auf der Karte ist Thomas Huber mit freiem Oberkörper abgebildet, und seine Hände sind zu sehen, wie sie sich an eine Felswand klammern. Die Fingerknöchel weiß, der Rücken gerötet, das Gesicht vor Anstrengung verzerrt. Wie Jesus am Kreuz. Er sieht fremd aus in der behaglichen Umgebung des Cafés. Fremd schon der Huber hier am Tisch, noch fremder der Huber auf der Karte.

Thomas Huber, 41, geboren in Oberbayern. Staatlich geprüfter Berg- und Skiführer. Bergsteiger. Extremkletterer. Die Autogrammkarte ist sein Ausweis; auf der Rückseite prangt ein verkleinerter Abdruck seiner Hand, auf jedem Finger steht ein Begriff, das Ziel einer Expedition, die er bewältigt, eines Abenteuers, das er erlebt, überlebt hat. Daumen: Alpen. Zeigefinger: Patagonien. Mittelfinger: Karakorum. Ringfinger: Himalaya. Kleiner Finger: Yosemite. Ein Extremkletterer ist abhängig von seinen Fingern; in der Wand geben sie ihm Halt. Rutschen sie ab, greifen sie fehl, stürzt der Kletterer. Ist er nicht mit einem Seil gesichert, ist das sein Ende.

Schwierigste Routen stehen in Hubers Tourenbuch, etliche Erstbegehungen. Er hat die Eigernordwand im Winter durchstiegen und, als Erster, die Westwand des Latok II, eines Granitriesen im pakistanischen Karakorum. Das war mit Alexan-

Die Kletterei in der Nordwand der Großen Zinne ist heikel: Im splittrigen Fels kann jederzeit ein Stück ausbrechen. Dann muss Thomas Huber hoffen, dass die Sicherungen, die er angebracht hat, seinen Sturz halten. Den völlig freien Flug (unten) sucht er nur beim Absprung vom Gipfel. Wenige Sekunden bleiben ihm, den Fallschirm zu öffnen

der, seinem jüngeren Bruder, von dem der zweite Handabdruck auf den Autogrammkarten stammt. Wo die Hand von Thomas ist, ist immer auch die von Alexander. Es gibt diese beiden Hände auch auf T-Shirts, für Männer auf die Rückseite gedruckt, für Frauen vorne, was so aussieht, als hätte einer mit Magnesiafingern der Trägerin an die Brüste gefasst. Thomas und Alexander Huber vermarkten sich als „Huberbuam", zwei der besten, schnellsten Extremkletterer der Welt. Und wenn sie nicht klettern, sind die Hände ihr Emblem, die moderne Trademark eines archaisch anmutenden Abenteurerdaseins.

Eines Daseins, zu dem die Öffentlichkeit gehört: An diesem Tag in Kaufbeuren und überall sonst, wo die Hubers ihre Abenteuer vermarkten, ihre Träume verkaufen und mit ihnen die Bildbände, Bücher und Poster. Überall, wo Thomas Huber Vorträge hält; wo er das Geld verdient, um die Expeditionen zu finanzieren und seine Familie zu ernähren. Er hat mit seiner Frau Marion drei Kinder: Elias, Amadeus und Philomea.

Der geschäftliche Sinn einer Autogrammstunde ist es, dass Menschen sich Bücher kaufen, um sie signieren zu lassen, aber die Menge in Kaufbeuren nimmt lieber Autogrammkarten, die sie geschenkt bekommt. Thomas Huber steht deshalb bald auf und läuft zum Stadttheater hinüber, wo das Hauptereignis des Tages stattfinden wird, sein Vortrag „Zwischen Himmel und Erde". Das Theater ist ausverkauft, über 250 Zuschauer passen hinein, und im Gehen sagt Huber, dass dies gleich kein Diaabend werde, sondern eine Multimediashow. Bilder und Filmsequenzen wird er zeigen, mit Musik unterlegt. Thomas Huber wird der Showmaster sein. Er bittet, man möge ihn jetzt in Ruhe lassen, ein paar Minuten brauche er, um sich zu sammeln.

VOR EINEM JAHR hat der Regisseur Pepe Danquart eine Dokumentation über die Brüder gedreht, „Am Limit" heißt sie. Schauplatz war die „Nose" im Yosemite-Nationalpark, Kalifornien: eine Granitwand, für deren Bezwingung normale Kletterer mehrere Tage benötigen. Bei zwei Stunden, 48 Minuten, 50 Sekunden lag der Weltrekord, den es zu brechen galt. Für die Hubers schien die Attacke auf den Rekord die perfekte Verbindung zu versprechen zwischen der einsamen Kletterei und der öffentlichen Präsentation dieser Kletterei, zwischen Leidenschaft und Marketing. Sie würden den Rekord brechen, der Regisseur würde dabei sein, die Kamera und später das Publikum im Kino. Aber irgendwann, in der 20. Seillänge, rutschte Thomas Huber der Fuß weg. Er fiel. Der Rekord war verloren.

Der Film ist dennoch eine Hymne auf Männer geworden, die Dinge tun, von denen man sich nicht vorstellen kann, dass sie getan werden können. Aber er ist nicht das Dokument eines Triumphs geworden, sondern das eines Scheiterns, eines Scheiterns vor großer Kulisse.

Thomas Huber knabbert daran. Er hat sich nicht gut gefühlt, bevor sie losgeklettert sind. Wenn es nach ihm gegangen wäre, hätten sie noch ein, zwei Tage gewartet. Aber die Filmleute waren da, es gab einen zusätzlichen Druck, dem er nachgegeben hat, einen öffentlichen Druck. Später wird er erzählen, dass er etwas gelernt habe bei diesem Film: die Erwartungen der Öffentlichkeit in Einklang zu bringen mit dem Ehrgeiz tief in ihm; den Beruf mit der Berufung. „Egal wie viel Leute da sind und wie viel Geld auf dem Tisch liegt. Wenn du das Gefühl hast: Nein – dann vergiss es."

Huber muss sich verlassen können auf sein Gefühl, das nicht taub werden darf, auch wenn die Expeditionen immer gefährlicher werden. Neue Bilder müssen in die Bildbände, neue Geschichten in die Vorträge. Da ist diese Erwartung, und da ist die eigene Lust; beides ergänzt sich und treibt an. So ist Alexander Huber ein Spezialist für das sogenannte Free Solo geworden; er klettert ohne Seil, unter ihm der Abgrund. Und Thomas Huber ist nicht mehr nur Kletterer, er fliegt jetzt auch: Basejump, der kalkulierte Sturz von Felsen, Hochhäusern, Brücken. Wenn der Fallschirm sich nicht öffnet, ist wegen der niedrigen Sprunghöhe keine Zeit, einen Reserveschirm zu aktivieren. Der Raum, in dem sich die Brüder bewegen, ist die Todeszone.

Und in ihm wartet Unerledigtes. Der Rekord an der „Nose". Und das Projekt, die „Drei Zinnen" in den Dolomiten zu be- →

Der jüngere Bruder Alexander (links) ist Thomas Hubers bester Kletterpartner. Zusammen sind sie die »Huberbuam« – eine Marke im Abenteurergeschäft

Thomas Huber trainiert seine Söhne Amadeus und Elias. Noch hält er selbst den Rekord für die Speedbegehung der »Nose« am El Capitan in Kalifornien

zu tun hat. Die Beziehung zum Publikum ist so intensiv, dass man meint, einzelne Zuhörer vor Staunen schlucken zu hören. Und am Ende applaudieren sie wie nach einem großartigen Konzert.

Die Familie wohnt in Berchtesgaden, und Thomas Huber kommt, ein paar Tage nach der Show in Kaufbeuren, humpelnd zum Gartentor. Eine alte Geschichte am Bein, ein Hohlraum unter dem Unterhautgewebe hat sich mit Gewebeflüssigkeit gefüllt, gerade ist eine Drainage gelegt worden. Hubers Händedruck hat die Kraft eines Schraubstocks, auf der Terrasse steht Kaffee, er humpelt voran: „Hock di hi."

Kletterer sind schnell beim Du, aber es wird trotzdem ein tastendes Gespräch. Huber hat jetzt nichts gemein mit dem Conférencier aus dem Theater; das war ein Teil seiner Öffentlichkeitsarbeit. Wie es auch das Gespräch mit einem Journalisten ist, aber Huber lässt keinen Zweifel daran, für wie verzichtbar er diesen Teil hält. „Ich habe mal vor meiner Haustür einen Journalisten zusammenfallen lassen, der eine Stunde zu spät gekommen ist. Da hab ich gesagt: Kannst gleich wieder ins Taxi hüpfen."

steigen und von zweien herunterzuspringen. Bei einem Versuch im Jahre 2005 riss Thomas Huber eine Sehne in der Schulter. Er will es noch einmal probieren. Dieser Auftritt noch, dann will er auf die Zinnen.

Im Stadttheater Kaufbeuren springt Thomas Huber auf die Bühne, und gleich ist klar, dass er sich nicht nur gesammelt hat. Er hat sich verwandelt. Er predigt, er schwärmt. „Es ist ein Auf und Ab, wie das Leben selbst", sagt Huber, während er mit einem Leuchtpunkt alle auf der Leinwand zu sehenden Linien des Torre-Massivs in Patagonien nachzeichnet, die er geklettert ist.

Man sieht den Kletterer in der Totalen, wie eine Spinne am Garagentor. Man sieht ihn ganz nah, vom Gürtel aufwärts nackt, oder seinen tanzenden Schatten, der wie der Umriss eines übermütig spielenden Kindes wirkt. Alles schwingt und klingt in der Geschichte, die Thomas Huber erzählt. Er überlädt sie nicht mit Fachbegriffen, nicht mit einer abgesicherten 8+, auch nicht mit 45 Seillängen, davon sechs im 9. Grad. Wer von den Bergwanderern da unten könnte etwas damit anfangen? Es soll nicht nach Mathematikunterricht klingen, sondern nach Träumen, was Huber ihnen erzählt.

Auch als man eine Wolke über den Fels ziehen sieht, die Kälte bringt und dem Kletterer ans Leben gehen könnte. Huber federt den Eindruck, er habe sich in Gefahr befunden, damit ab, dass er die Wolke eine „Eisprinzessin" nennt. Und wenn die Abgrundnähe bedrohlich spürbar wird, hält Huber seinen Dialekt dagegen, dieses rabaukenhafte Chiemgauer Bayerisch, das einen Sprung zum „Hupfer" verkleinert.

Aus dem Halbdunkel des Theaters spricht eine Stimme, die mit dem stillen Mann bei der Signierstunde nun nichts mehr

„Gehen dir Journalisten grundsätzlich auf die Nerven?" – „Grundsätzlich ja. Aber es gehört zum Geschäft dazu."

Huber hat nicht das Gefühl, dass es besonders viel Sinn macht, mit jenen zu reden, die an der Sinnhaftigkeit seines extremen Lebens zweifeln. Ohnehin sind seine Auftritte ja schon eine Antwort auf deren mögliche Fragen: „Jeder Mensch sucht sich irgendwann eine Rechtfertigung für das, was er macht. Ich gehe in die Berge und bringe eigentlich nichts raus. Aber über die Vorträge habe ich plötzlich gemerkt: Ich kann den Leuten doch was bieten." Unterhaltung, Kitzel. Oder Energie.

Viele Zuschauer haben Huber geschrieben, dass er sie motiviert habe, etwas Neues anzufangen mit ihrem Leben. Eine neue Wohnung, einen neuen Job. Aber es gibt auch andere Reaktionen, wie jene, bei der Huber vor Führungskräften einer großen Firma sprach. In seiner Schau gibt es eine Filmsequenz, in der Hubers Frau nicht verheimlicht, dass sie ihrem Mann zwar vertraut, gleichwohl Sorgen und Ängste hat. Einen der Zuhörer berührte das so, dass er Huber wissen ließ, der ganze Vortrag sei für ihn „kaputt". Der Mann, selbst Vater, hatte die gemeißelten Oberkörper, die wummernde Musik, die Jauchzer am Gipfel beiseitegewischt und auf die Frage reduziert: Denken Sie nicht an Ihre Familie?

Nur Risse erlauben im glatt geschliffenen Granit der »Nose« am El Capitan das Vorwärtskommen. Wo der eine zu Ende ist, muss Thomas Huber hoch über dem Talgrund des Yosemite-Nationalparks Schwung aufnehmen und zum nächsten pendeln. Die Trittleitern an seinem Klettergurt dienen der Fortbewegung, wenn die eigene Kraft nicht mehr ausreicht

DIE FRAGE HABE IHN ERREICHT, sagt Thomas Huber. Auch das kann ein Grund sein, warum er sich auf Bühnen, vom Publikum getrennt, wohler fühlt als dicht bei den Menschen, während einer Autogrammstunde oder bei einem Interview. Weil Nähe auch Gefahr ist: Jemand könnte fragen. Und Huber hat keine Antwort auf die Frage, ob er denn nicht an seine Familie denke, zumindest dürfte sie nicht jeden überzeugen. Er sagt: „Die Leute, die so fragen, leben nicht in dem Bewusstsein, dass ihnen auf dem Weg zur Arbeit auch etwas passieren könnte." Nur: Sie suchen das Schicksal nicht. Er aber sucht es.

Und doch: Wenn Journalisten schrieben, er spiele mit dem Leben, sei das genau verkehrt, meint Huber. Je gefährlicher die Abenteuer werden, desto vorsichtiger werde der Abenteurer. Wer ihm vorwerfe, immer wahnsinnigere Unternehmungen zu wagen, verstehe nicht, dass er sich gerade dadurch schütze: Weil er wisse, dass ein Fehler tödlich sein könne, vermeide er ihn – hellwach. Es ist eine Logik, in die eine Rechtfertigung eingebaut ist, die man draußen, in der anderen Welt, nicht verstehen muss. Huber weiß das.

„Stimmt es", frage ich ihn, „was in einer Zeitung stand: Du machst vor jeder Tour dein Testament?" – „Nein", antwortet Huber, „aber ich spreche vor jeder Tour ein Vaterunser."

Er sitzt auf der Terrasse und erzählt, dass er die Zinnen bald „machen" werde; in drei Wochen, wenn sein Bein wieder genesen sei. Er wird bis dahin keine Vorträge mehr halten, will sich konzentrieren. Drei Wochen lang. Vielleicht auch mehr, das hänge aber vom Wetter ab. Er sagt, man könne per E-Mail in Kontakt bleiben, er werde sich melden, wenn es losgeht. „Kannst zusehen von unten, aber nur, wenn du nicht störst."

Thomas Huber hat sich nicht gemeldet. Es hat geregnet, auch in den Dolomiten, und vielleicht hat das Bein nicht mitgemacht. Ausgerechnet jetzt. Er ist nicht mehr der Jüngste, da ist ein Countdown, der leise tickend abläuft.

Ein Anruf schließlich bei den Hubers, seine Frau ist am Apparat und sagt, es habe nicht funktioniert mit den Zinnen. „Thomas war sehr bedrückt." Warum genau, das solle man ihn am besten selbst fragen, in einem Monat, wenn er zurück sei aus Kalifornien, Yosemite-Nationalpark, wo die „Nose" in den Himmel ragt.

Thomas Huber hatte noch etwas zu erledigen, diesmal ohne Filmteam, ohne Ankündigung, ohne ein Versprechen zu geben, ohne jemandem verpflichtet zu sein. Nur sein Bruder Alexander war dabei. Erst unterboten die Brüder den Rekord an der Granitwand um 15 Sekunden, aber das war ihnen noch nicht deutlich genug. Sie wurden von niemandem getrieben, sie trieben sich selbst, versuchten es noch einmal, brauchten zwei Stunden, 45 Minuten, 45 Sekunden. Das war drei Minuten und fünf Sekunden schneller als der alte Rekord. Drei Minuten sind ein Statement. ■

Holger Gertz, 38, zieht das Meer den Bergen und Sicherheit dem Abenteuer vor, sieht aber eine Parallele zu Thomas Huber: Auch er sucht nach Antwort auf die Frage, wie man glücklich wird.

WO DER JÄGER *auf seine* *Beute trifft*

Rangiroa hat unter Tauchern mit seinen spektakulärsten Bewohnern:

Die Flut, die etwa alle sechs Stunden das Wasser in die Lagune des Rangiroa-Atolls drückt, erlaubt kleinen Fischen und Tauchern keine Gegenwehr. Dort, wo die Strömung am stärksten ist, warten die Haie. Wie dieser Tigerhai, *Galeocerdo cuvier*, der sich selbst nicht fürchten muss: Er hat keine natürlichen Feinde

einen legendären Ruf. Denn das ATOLL IM SÜDPAZIFIK garantiert Gänsehaut-Begegnungen den Haien, die hier zu Hunderten kreisen

TEXT ¬ FREDDY LANGER

Wie eine Perlenkette auf türkisgrüner Seide liegen die elf Riffinseln im Südpazifik. Sie sind nur ein kleiner Teil Rangiroas. Das größte Atoll Französisch-Polynesiens umfasst rund 240 solcher Inseln; und lohnenswerte Reviere – für Haie und für Taucher

Aus dem Wasser ragt vielleicht nur eine Flosse, unter der Oberfläche aber ist das Meer ein Haifischbecken: Schwarzspitzenriffhaie müssen wie ihre Artgenossen ständig in Bewegung bleiben

Es war früh dunkel geworden bei diesem ersten Tauchgang, der in den Sonnenuntergang hatte führen sollen, der uns aber nun, da es bald regnen würde, in eine diesige Welt brachte.

Das Korallenriff wirkte wie mit Tarnfarbe überpinselt, und die Tropenfische sahen aus wie verblasste Drucke. Da deutete Yves Lefèvre, der Tauchführer, auf eine winzige Wolke, einem Staubwirbel gleich, als hätte jemand ein lange nicht benutztes Buch allzu fest zugeschlagen. Wie aus dem Nichts war die Wolke gekommen, ebenso rasch löste sie sich auf. Dann noch eine. Und noch eine. Und dann sahen wir die Doktorfische.

Immer wieder stiegen Weibchen aus dem Schutz der Korallen nach oben, pumpten ihre Eier in die Schwerelosigkeit des Meeres und lockten damit fast augenblicklich Männchen herbei, die sie aufgeregt mit ihren Samenwolken befruchteten. Ein Feuerwerk folgte dem anderen. Es war wie ein Rausch, und man hätte meinen können, die Tiere tanzten zu einer leisen, höfischen Musik. Vor, zurück, vor, zurück stiegen sie in Bögen auf und ließen sich wieder nach unten fallen, um Platz zu machen für den Partner. Dann kam der Hai.

Elegant. Direkt aus dem tiefschwarzen Schlund, über dem wir wie Marionetten an unsichtbaren Fäden schwebten. Nur zwei, drei Schläge mit dem Schwanz, schon schwamm er zwischen unserer kleinen Gruppe hindurch. Bewegungslos lagen wir im Wasser. Angespannt. Die Arme vor der Brust gekreuzt, die Beine leicht angewinkelt. Es war ein Grauer Riffhai. Nicht besonders groß. Und nur einer. Als wäre er ein Bote, der kam, einen Gruß von den anderen zu übermitteln. Vielleicht sogar ein Versprechen.

Rangiroa ist das größte Atoll Französisch-Polynesiens und eines der größten der Welt. Aus dem Flugzeug betrachtet sieht es aus wie ein riesiges Oval, mehr als 80 Kilometer lang, mehr als 30 Kilometer breit. Es ist der zurückgebliebene Kranz einer Insel, die sich hier vor Jahrmillionen aus dem Meer erhob. Heute raubt der Anblick dem Betrachter den Atem: wie eine strahlende Perlenkette auf türkisfarbener Seide. Spuren von Leben erkennt man erst unmittelbar, bevor das Flugzeug auf der Rollbahn von Tevaiohie aufsetzt, einer der wenigen bewohnten Inseln der aus rund 240 winzigen Landflecken bestehenden Kette. Zwei tiefe Einschnitte verbinden die flache Lagune, das Innere des Atolls, mit dem bodenlosen Pazifik: Diese beiden Kanäle begrenzen Tevaiohie.

Diese Insel ist rund zehn Kilometer lang, kaum irgendwo breiter als ein paar hundert Meter und an manchen Stellen so schmal wie die holprige Straße, die von dem einen Kanal zum anderen führt. An einem Ende der Straße liegt das winzige Dorf Avatoru mit Kirche und Postamt, am anderen eine der beiden Tauchbasen von Yves Lefèvre. Ein Schuppen für die Ausrüstung, ein überdachter Picknicktisch und eine Anlegestelle für die Schlauchboote, mit denen es hinausgeht: Das genügt. Zum Tauchen braucht man nicht besonders viel. Nur einen idealen Ort. Mit den richtigen Tieren.

Aufgrund seiner markanten Kopfflossen wird der Mantarochen auch »Teufelsrochen« genannt – das Plankton fressende Tier aber ist völlig ungefährlich

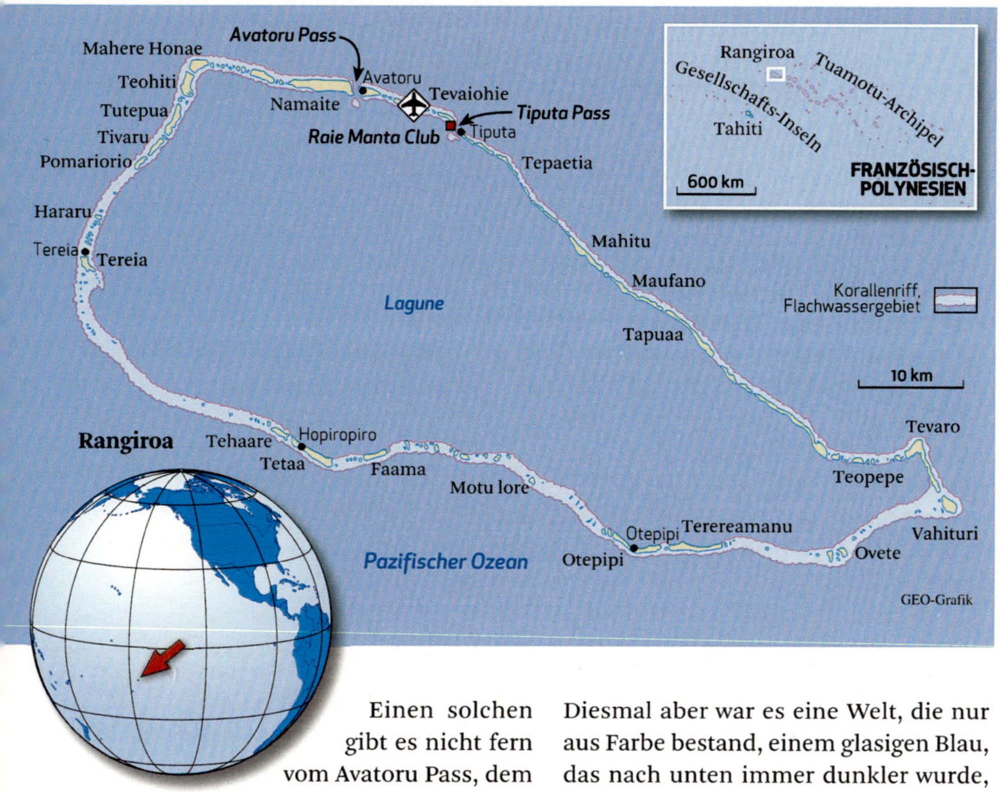

Einen solchen gibt es nicht fern vom Avatoru Pass, dem westlichen der beiden Kanäle. Knapp eine Viertelstunde brauchten wir mit dem Boot aufs Meer. Die Sonne glitzerte auf dem Wasser, in der Ferne verschwamm der Himmel nahtlos mit dem Pazifik. Lefèvre stand am Bug, wie eine Galionsfigur im hellblauen Neoprenanzug, das weißblonde Haar unter einem Hütchen verborgen. Er verzog keine Miene, als er dem Steuermann Anweisungen gab, mal diese, mal jene Richtung einzuschlagen. Irgendwann rief er Stopp.

Wir waren zu acht an diesem frühen Morgen, hatten kaum miteinander gesprochen und wünschten uns auch jetzt bloß „Have a good dive", gerade so, als verabschiedeten wir uns. Dann zwängte sich jeder in seine Weste mit der Pressluftflasche am Rücken, zog die Maske über die Augen, schob den Atemregler in den Mund und drückte beides mit den Händen an den Kopf, damit nichts verrutschte. Lefèvre zählte bis drei, und wir ließen uns rückwärts vom Bootsrand fallen in ein grundloses Nichts.

Wie immer war es, als stürze man durch Glas, als zersplittere eine Scheibe, hinter der sich eine fremde, bizarre Welt auftut, über der man wiederum einen Moment lang orientierungslos treibt, ehe man oben von unten unterscheiden kann und im diffusen Licht die Konturen von Riffen oder Sandbänken ausmacht. Diesmal aber war es eine Welt, die nur aus Farbe bestand, einem glasigen Blau, das nach unten immer dunkler wurde, bis zu verführerischem Schwarz.

Nichts war zu sehen, während wir tiefer glitten und das silberne Dach der Meeresoberfläche fortrückte. Es war, als schwebten wir durchs All.

Als Raphael Peyras, einer der Tauchführer, die Plastiktüte mit dem Köder öffnete, einem angefaulten Fisch, ließen die Silberspitzenhaie nicht auf sich warten. Etliche hundert Meter tief jagen sie in Gruppen ihre Beute. Doch wenn sie einen Kadaver wittern, kommen sie überall hin. Dass Haie ihrem Geruchssinn folgen, hatte Peyras uns vor unserem Tauchgang erklärt, und dass sie mit den schwarzen Pünktchen auf der Schnauze, den sogenannten Lorenzinischen Ampullen, elektrische Signale aufnehmen können. Doch als die ersten Silberspitzenhaie plötzlich um uns herumschwammen, wie aus dem Nichts hervorgezaubert, obwohl sie massig waren und bis zu drei Meter lang, fühlten wir uns vor allem beobachtet aus weit geöffneten Augen mit schmalen, messerscharfen Pupillen. Es waren kalte Blicke, passend zu dem metallischen Glanz der Körper. Das waren keine Tiere, das waren Maschinen, die uns hier umzingelten, militärisches Fluggerät. Entsetzlich schön und verzaubernd schrecklich.

Wie zu einer Staffel formierten sich die Tiere. Erst drei, dann vier, am Ende acht. Mit eleganten Bewegungen umkreisten sie uns in immer engeren Runden. Die schmal zulaufenden Schnauzen wirkten wie die Spitzen von Düsenjets. Immer näher kamen die Haie. Und immer noch fokussierten sie uns mit dem bewegungslos kalten Blick.

Kein Zucken. Kein Moment von Entspannung, als ob sie konzentriert einem Plan folgten. Denn nie konnte man alle Haie zugleich sehen, so exakt führten sie ihr Manöver aus, so gleichmäßig zirkelten sie um unsere Gruppe. Haie scheinen zu wissen, wie sie Ehrfurcht erzeugen können.

Natürlich sollten sie auch gefährlich wirken. Deshalb waren wir ja gekommen. Doktorfische beim Laichen? Das war gestern. Jetzt ging es um Raubtiere und Adrenalin. Wir waren auf Tuchfühlung, wobei es die Haie waren, die mit ihren Körpern fast an unseren Flossen entlangkratzten. Nicht umgekehrt. Wir versuchten, ruhig zu bleiben. Und es war nicht einmal Angst, weshalb wir den Blick nicht von ihnen lassen konnten. Es war die Faszination angesichts dieser perfekt wirkenden Tiere.

Die Wissenschaft hat für das Zirkeln der Haie eine ganz pragmatische Begründung. So grazil ihre Bewegungen sein mögen, unbegrenzt manövrierfähig sind sie nicht. Weder können sie stillstehen, noch können sie zurückschwimmen. Deshalb müssen sie kreisen, wenn sie erfassen wollen, was um sie herum geschieht. Dabei nutzt ihnen eine Art siebter Sinn: das druckempfindliche Seitenlinienorgan mit seinen Sinneszellen, die Vibrationen im Wasser registrieren. Es wird sogar vermutet, dass Haie andere Tiere oder Menschen abtasten, indem sie ihnen mit dem Schwanz Wasser entgegendrücken und dann das Echo der Druckwelle messen. Einleuchtend, dass sie dazu ganz nahe kommen müssen. Die →

AUS DEM NICHTS
kamen die Raubtiere, blitzschnell und entsetzlich schön

Nur ausnahmsweise allein pirscht sich der Hai aus dem Hintergrund an. Vor Rangiroa sind die Räuber fast so zahlreich wie rote Soldatenfische. Die Einheimischen verdienen am Tauchtourismus und sind deshalb vor der Versuchung gefeit, die Haie zu jagen

„Neugierdistanz“ haben sie dann längst überschritten, und man spricht verniedlichend von „Kennenlerndistanz“. Dann rempelt der Hai den fremden Besucher in seinem Reich auch schon mal an, und im Extremfall setzt er einen Testbiss. Nicht jedes Umkreisen muss, so ist es nachzulesen, zum Angriff führen. Wie aber kündigt sich der letzte Schritt an?

Als einer der Haie das Maul öffnete und seine schiefen Reihen spitzer Zähne zeigte, wirkte das Messer in Lefèvres Hand, das sonst angebunden an seinem rechten Bein in einer Scheide steckte, lächerlich. Da galt nur noch die eine Regel für die Begegnung mit Haien: Vergiss alle Regeln. Peyras wickelte den Kadaver aus der Plastiktüte und hielt ihn dem größten der acht Haie hin. Der schnappte zu. Und schon waren die Tiere im Dunkel der Tiefe verschwunden. Ihr Besuch hatte nur ein paar Minuten gedauert.

Es ist wenig bekannt über Haie. Sie seien Killer, wurde lange behauptet, die primitiv ihrem Tötungsinstinkt folgten und alles erlegten, was um sie herum schwimme, selbst Artgenossen. Mehr wollte man gar nicht wissen. Denn so konnten Haie als schauerliches Gegenstück zu den angeblich friedvollen Walen und fröhlichen Delfinen dienen.

In der Südsee ist das anders. Dort wurden Haie in den Mythen stets verehrt, mal als Götter, mal als Führer, die den Menschen den Weg übers Meer zu den Inseln zeigten, sogar als Reinkarnationen der Ahnen. Vielleicht hat ihnen das hier ihr Leben gerettet. Während in den anderen Meeren viele der etwa 500 bekannten Haiarten vom Aussterben bedroht sind, ist die Haipopulation vor der Küste Rangiroas intakt.

Als Yves Lefèvre 1985 nach Rangiroa kam, war der Ort unter Tauchern längst Legende. Dafür hatte Bernard Gorsky mit seinem Buch „Expédition Moana“ gesorgt. Lefèvre, damals 22 Jahre alt und Feuerwehrmann in Frankreich, hatte es gelesen und beschlossen, auf Rangiroa eine Tauchbasis zu eröffnen. Es war die erste auf der Insel. Sechs Pressluftflaschen, ein Kompressor und ein Schlauchboot waren alles, was er hatte.

Unter den reichen Gästen des Hoteldorfs Kia Ora fand er sofort Kunden, fast so, als hätten sie nur auf ihn gewartet.

IN DEN MYTHEN *werden Haie als Götter und Reinkarnationen verehrt*

Schöne Tauchgründe ließ sich Lefèvre zunächst von den Speerfischern des Dorfes zeigen. Bald aber suchte er sich eigene Flecken, studierte Flora und Fauna und zeichnete eine Tauchkarte mit vielsagenden Namen wie „Tuna Point" oder „Hammerhead Alley".

Mehrere 1000-mal ist Lefèvre mittlerweile vor Rangiroa getaucht. In Frankreich ist der 45-Jährige eine Koryphäe. Abgeklärt ist er deswegen nicht. Seinen Film über die Buckelwale von Rurutu kann er bis heute nicht anschauen, ohne glänzende Augen zu bekommen. „Kannst du das glauben?", sagte er wie zu sich selbst, während die 15 Meter langen Tiere über die Mattscheibe tauchten. Die gleiche Begeisterung sprach aus seinem Blick, als er unter Wasser eine Nacktschnecke entdeckte.

Jeder Tauchgang, das ist Lefèvres Philosophie, solle bei den Gästen einen Schock auslösen. Er wolle sie überwältigen mit der Schönheit des Riffs. Nicht zuletzt, um sie auf seine Seite zu ziehen, wenn es um den Schutz der Unterwassernatur geht. Und tatsächlich kam der Tag, an dem er auf diese Lobby angewiesen war. Das war im Jahr 2003.

Asiatische Fischhändler hatten damals ein Plakat am Rathaus des Dorfes aufgehängt, mit dem sie die Fischer ermunterten, ihnen gegen sehr gute Bezahlung Haifischflossen zu liefern. Da waren die verwandtschaftlichen Beziehungen der Einheimischen zu den Haien, von denen der Mythos erzählt, rasch vergessen. Schon bald sah man die ersten Haikadaver vor Rangiroas Küste schwimmen, klaffende Wunden dort, wo einst die Flossen gesessen hatten.

Entsetzt über den Anblick, machte Peter Schneider, 46, ein Bekannter Lefèvres, der sonst Souvenir-Videos von Tauchurlaubern dreht, erste Aufnahmen. Danach ließ ihn das Thema nicht mehr los. Mit seiner Partnerin Rachel Campergue filmte er, bis sie genug Material hatten für einen Dokumentarfilm über den Kult der Haiflossensuppe bei chinesischen Geschäftsessen und Hochzeitsfeiern reicher Familien. Ein Milliardengeschäft, für das jedes Jahr weltweit 100 Millionen Haie getötet werden. Dabei kann man noch nicht einmal von einer Delikatesse sprechen, denn die Knorpel sind völlig geschmacksneutral und dienen nur der leimigen Konsistenz der Suppe. Für den Geschmack wirft man ein paar Brocken Hühner- oder Schweinefleisch mit in den Topf.

Schneiders Film „Sharks of Rangiroa", der etliche Preise auf Festivals gewonnen hat, wurde rund um Tahiti von einer Protestwelle begleitet. Als die Leiter der Tauchbasen durch ihre Unterschriften- →

DIE MAUER:
Jetzt gab es nur noch Haie

aktionen den Unmut der Touristen belegten, erließ die Regierung Französisch-Polynesiens 2006 ein Haifangverbot für fast alle Haiarten innerhalb der eigenen Grenzen. 2008 wird neu entschieden. Am Ende hat dabei vermutlich nicht einmal die Ethik gesiegt, sondern die Erkenntnis, dass ein lebender Hai gegenüber dem Kilopreis der Flossen ein Vielfaches an Einnahmen durch Urlauber bringt, die ihn sehen wollen.

Gerade auf dem Rangiroa-Atoll hätte man das schon vorher wissen können. Denn die Haie hier sind unter Tauchern berühmt. „The Wall" heißt ein Tauchplatz, von dem man sich erzählt, die Haie würden sich dort in solch großer Zahl neben- und übereinander formieren, dass sie förmlich eine Mauer bildeten. Dann ließen sie sich von der Strömung im Tiputa Pass, dem östlichen Kanal zwischen Lagune und Meer, die Fische direkt ins offene Maul treiben. Yves Lefèvre lachte bei der Erwähnung dieser Massenfütterung. Ja, ja, die Geschichte höre er oft. Aber er schüttelte den Kopf. Es sei anders. Und dann sagte er mit einem gutmütigen Nicken: „Schauen wir es uns an."

Rund alle sechs Stunden drückt die Flut das Wasser des Pazifiks durch die zwei engen Kanäle in das Atoll. Dabei entwickelt die Strömung einen Sog, dem sich kein kleines Tier entziehen kann, weshalb sich zur rechten Zeit alle großen Tiere hier versammeln. *Dass sich auch kein Mensch der Strömung widersetzen kann, das sollten wir jetzt erfahren. Da tat es gut, dass uns im Wasser ein Schwarm Barrakudas begrüßte. Wie Schatten glitten sie in Zeitlupe vorüber.* Dabei schienen sie keinen Muskel zu rühren, sondern bewegten sich, als seien sie einmal angestoßen worden und folgten nun für immer ihrer Bahn. Dass sie schliefen, mit offenen Augen, das würde uns Lefèvre erst später erklären.

Aber wir fühlten uns augenblicklich im Traum angekommen. Um uns herum zappelten junge Riffhaie mit ungelenken Bewegungen. Sie wirkten unsicher, als wüssten sie selbst, dass sie die Rolle des aggressiven Jägers noch lange nicht ausfüllten. Scheu wichen sie aus. Doch da packte uns schon die Strömung und zog uns wie mit eisigen Fingern in den Kanal, wo die Eltern dieser Tiere ihre Kreise zogen. 100, 200, 300 vielleicht. Jetzt gab es nur noch Haie.

Unter uns sahen wir die Klippe, dort stürzt das Riff senkrecht in die Tiefe. Diese Stelle heißt „The Wall", und die Gruppe der Haie wurde tatsächlich noch dichter, das Gewusel enger, die Schatten wurden größer, Rückenflossen, Schwanzflossen, Mäuler, bald war nichts mehr auseinanderzuhalten. Wie ein Vogelschwarm kreisten sie. Wechselten die Richtung. Stiegen auf und ab. Da erst begriffen wir, dass die Haie sich nicht im Geringsten um die Strömung scherten. Mit kaum merklichen Schwanzschlägen steuerten sie aufs Meer hinaus, während wir mit der Flut in den Kanal und gen Insel gedrückt wurden – ihnen entgegen.

Mal mit ausgebreiteten Armen und Beinen wie beim Fallschirmspringen, mal lang gestreckt, trieben wir mit der Strömung in eine Landschaft, die dieser täglich viermal wiederkehrende Sturm aus einflutendem und abfließendem Wasser fast leer geblasen hatte. Hier gab es keine Korallen mehr, kein Seegras, nur flach am Boden ein paar bunte Punkte, so wie das kriechende Gestrüpp in den rauen Landschaften des Nordens. Es war eine schauerliche Geisterwelt.

„Loslassen", hatte Lefèvre gesagt, „man muss loslassen können." Über uns wartete schon das Schlauchboot. ■

Autor **Freddy Langer**, 50, fühlte sich bei Yves Lefèvre (links) gut aufgehoben. Auch unter einschüchternd großen Fischen.

INFO

▶ SÜDSEE

Richtig mit der Strömung tauchen

RANGIROA ist kein Ziel für Tauchanfänger! Fast bei jedem Tauchgang begegnet man großen bis sehr großen Tieren, fast immer Haien. Wer schnell nervös wird, ist hier fehl am Platz. Beim „Drift Dive" im Tiputa Pass wird man zudem von der Strömung mitgerissen, eventuell durch einen Schwarm Haie hindurch. Das ist ein Erlebnis, das man nur mit einiger Taucherfahrung genießen kann.

ANREISE UND ÜBERNACHTUNG: Das Atoll liegt eine Flugstunde von Papeete, der Hauptstadt Französisch-Polynesiens auf Tahiti, entfernt. Obwohl die Insel mehrmals täglich von der **Air Tahiti** angeflogen wird, ist eine frühzeitige Reservierung ratsam. Das Angebot an Übernachtungsmöglichkeiten auf Rangiroa ist nicht groß, reicht aber von einfachsten Pensionen über kleine, privat geführte Bungalow-Anlagen bis zum Luxushotel. Einen **Überblick** findet man im Internet unter *www.pacific-resorts.com/tahiti/tuamotus/index.html*. Die Preise reichen von etwa 100 bis über 300 € pro Übernachtung mit Halbpension. Wer ohne Reservierung auf die Insel kommt, wird noch am Flughafen Kontakt zu Vermietern finden.

TAUCHSCHULEN: Die meisten Urlauber kommen nach Rangiroa, um zu tauchen. **Mehrere Tauchbasen** bieten täglich Exkursionen an. Eine Übersicht findet man unter *www.tahiti-tourisme.com/diving/rangiroa diving.asp*. Da alle Tauchschulen die gleichen Tauchgründe besuchen, unterscheiden sie sich hauptsächlich im Service. Im **Raie Manta Club** von Yves Lefèvre etwa buchen vor allem Gäste, von denen erwartet wird, dass sie selbst mit anfassen; bei **Blue Dolphins** dagegen wird einem sämtliche Arbeit abgenommen. In allen Tauchschulen versteht und spricht man Englisch. Tauchgänge bucht man von Tag zu Tag. Die Gruppen sind selten größer als sechs Personen. Ein Tauchgang kostet etwa 50 €, einerlei, wohin es geht.

Aben

HOTEL EVERLAND

Paris, Frankreich

EIN HOTEL, das nur aus einem Zimmer mit Doppelbett, Lounge und Bad besteht. Das Schweizer Künstlerpaar L/B hat es auf das Dach des „Palais de Tokyo" setzen lassen, wo das grün-weiße Rechteck die Pariser Kunsthalle bis Dezember 2008 schmücken wird. Leider kann der Gast den nächtlichen Blick aus der Box auf den Eiffelturm nur ein einziges Mal genießen. Der Andrang ist derart groß, dass man nur für eine Nacht reservieren kann.

> *Hotel Everland Buchung nur online und zu einem festgelegten Zeitpunkt für die darauffolgenden 60 Tage möglich, www.everland.ch, ab 333 €*

Eines haben Abenteurer mit normalen Menschen gemein: Sie müssen gut ein Drittel ihres Lebens verschlafen. Wer wenigstens manchmal an einem Ort entschlummern will, der für Nervenkitzel sorgt, kann sich auf den folgenden Seiten inspirieren lassen. Von Unterkünften, die selbst ein Erlebnis sind

teuer Schlafen

GREEN MAGIC NATURE RESORT

Vythiry, Indien

IN DIESER BAUMKRONE im indischen Kerala darf sich jeder wie ein Tarzan auf Zeit fühlen. Das Holzhaus liegt in den Wipfeln eines Banyanbaumes, rund 30 Meter über dem Boden, und ist nur mit einem „Aufzug" aus Bambusholz erreichbar. Wer hier nach dem Aufstehen auf den Balkon tritt, muss schon hellwach und im Gleichgewicht sein.

> Green Magic Nature Resort Buchung über TravelsKerala, Tel. 0091-484/238 10 38, greenmagic@hotelskerala.com, www.hotelskerala.com/greenmagic, DZ etwa 140 €

WHITEPOD **Les Giettes, Schweiz**

AUF INUKTITUT, der Sprache der Inuit, bedeutet Iglu schlicht „Haus". Wo in arktischer Kälte weder Holz noch Stein zum Hausbau verfügbar sind, bieten die Schneehäuser immerhin den Komfort, dass es in ihrem Inneren vier Grad Celsius warm werden kann. Damit es Gäste in den Schweizer Alpen noch kuscheliger haben, treiben die Holzöfen der auf 1400 Meter Höhe gelegenen Whitepods die Temperatur weiter nach oben. > *Whitepod Tel. 0041-24/471 38 38, reservations@whitepod.com, www.whitepod.com, ab 196 €*

ROBINSONS HÖHLE

Isla Robinson Crusoe, Juan-Fernández-Archipel

WER EINE AHNUNG davon bekommen möchte, was es bedeutet, auf einer einsamen Insel ausgesetzt zu werden, der sollte in dieser Höhle eine Nacht verbringen. Angeblich wohnte Alexander Selkirk hier. Jener schottische Seemann, der im 18. Jahrhundert zum einsamen Inselbewohner schlechthin wurde – verewigt als Daniel Defoes Romanheld Robinson Crusoe.

> *Von San Juan Bautista erreicht man die Bucht von Puerto Inglés zu Fuß (5 Stunden); oder man lässt sich von einem Fischerboot in 20 Minuten an den Strand bringen* →

BIWAKSCHACHTEL **Bivacco Pedroni del Prà, Italien**

ZWISCHEN ELF MATRATZEN können Gäste dieser rot gestrichenen Aluminiumbox auf der italienischen Seite des Bergells wählen. Damit erschöpft sich der Luxus noch längst nicht: Wer die hoch über dem Val Codera gelegene Schutzhütte aufsucht, sollte zwar Schlafsack und ausreichend Verpflegung mitbringen. Eine Kochstelle aber gibt es – und auch der grandiose Bergblick ist im Preis von null Euro inklusive.
> Die Biwakschachtel ist in drei Stunden vom Rifugio Gianetti über den Passo Porcelizzo zu erreichen. Man sollte schwindelfrei sein

PARKHOTEL
Ottensheim, Österreich

DREI KANALROHRE, die es in sich haben, hat der Künstler Andreas Strauss auf den Rasen eines öffentlichen Parks setzen lassen. Übernachtungen in den „Gastfreundschaftsgeräten" sind von Mai bis Oktober möglich. Toiletten, Duschen und eine Imbissbude bietet die nähere Umgebung. Auch eine Rezeption hat das Hotel nicht. Bei Buchung erhält man einen Zahlencode, mit dem sich die Röhren öffnen lassen. > *Das Parkhotel Buchung nur über www.daspark hotel.net; Gäste zahlen, was sie für angemessen halten und ausgeben können*

ADRÈRE AMELLAL ÖKOLODGE

Oase Siwa, Ägypten

DER WEISSE BERG heißt in der Berbersprache Siwi „Adrère Amellal". Er ist Namenspatron der im Lehmbaustil errichteten Anlage zu seinen Füßen. Deren größter Komfort: Ruhe. In der Lodge am Rand der Sahara gibt es keinen Strom – und somit weder E-Mail-Zugang noch Telefone. Nächtens wird die Wüstenumgebung, in der einer der Siwa-Salzseen schimmert, lediglich mit Öllampen und Holzfeuern illuminiert. Am hellsten aber leuchten über der Oase Mond und Sterne.

> Adrère Amellal Ökolodge Tel. 0020-2/27381327, www.adrereamellal.net, DZ ab 300 € ■

Er gilt vielen als schönster Berg der Welt: Der Alpamayo in der Cordillera Blanca, Peru, gipfelt auf 5947 Meter Höhe, anderthalb Kilometer über den Wanderern

Eine Dreiecksgeschichte

Die schneeweiße Pyramide des Alpamayo verbindet zwei Männer seit genau einem halben Jahrhundert; seit der Erstbesteigung. Und sie hat Partner aus ihnen gemacht

FOTOS ¬ MORITZ ATTENBERGER TEXT ¬ TOM DAUER

Wie ein Uhrwerk das Tempo haltend, geht Victorino Angeles seiner Gruppe voraus. Sobald die Wanderer ein Lager verlassen haben, beladen Eseltreiber die mitgeführten Tiere: Jedes trägt etwa 60 Kilogramm – die Wanderer nur leichtes Gepäck. Am dritten Trekkingtag steigen sie in das Tal des Alpamayo-Flusses ab

ANGESTRENGT BLICKT ER nach oben. Seine Augen sind auf den blau schimmernden Gletscher geheftet, der weit über dem Lagerplatz an den Felsen hängt. Immer wieder bricht dort ein Stück Eis ab, poltert die Wand hinunter, bis es mit einem Knall zerstiebt. Victorinos Stirn legt sich in Falten. Er kneift die Lippen zusammen. Als wolle er eine innere Stimme unterdrücken, die ihm sagt, hier sei er nicht richtig mit seiner Gruppe. „Wenn da etwas Großes runterkommt", denkt Victorino laut, „fällt es auf unsere Zelte." Sein Sohn Maximino lächelt nachsichtig; so als müsse er ihm die Vorsicht als Marotte verzeihen.

Tatsächlich ist seinen Gruppen noch nie etwas passiert, kein Beinbruch, kein Lawinenunglück, kein Schlechtwettertod, seit Victorino in der Cordillera Blanca, einem Teil der Andenkette, unterwegs ist. Weil er immer behutsam war, seinem siebten Sinn vertraute, weil er dem Gebirge stets mit Respekt begegnete, seit er zum ersten Mal an seinem Fuße stand. Am Alpamayo arbeitete Victorino für vier Deutsche, die ersten Bergsteiger, die auf den Gipfel stiegen. Er war ihr Träger. 50 Jahre später leitet er eine Jubiläumstour zum „schönsten Berg der Welt". Als „jefe" nun, als Chef. Zwölf Touristen vertrauen seinem Urteil. Und ein Mann, der Victorinos Familiengeschichte entscheidend beeinflusst hat: Bernhard Huhn.

Der mittlerweile 73-Jährige war bei der Erstbesteigung des Alpamayo dabei. In dem halben Jahrhundert, das seither vergangen ist, kam Huhn immer wieder nach Südamerika. Den Kontakt zum vier Jahre älteren Victorino Angeles verlor er nie. Und er verfolgte, wie aus dem Träger von einst der Patriarch des peruanischen Bergtourismus wurde. Zur Feier ihrer ersten Expedition haben der Schwabe und der Mann aus Huaraz die Idee geboren, den Alpamayo mit einer Trekkinggruppe zu umwandern, während Victorinos Sohn „Max" zwei Bergsteiger aus der Gruppe auf dessen Gipfel führen will. Das Jubiläum ist damit zugleich Symbol einer Rollenumkehr: Die Helfer von einst sind zu Experten geworden.

Es ist noch früh am Abend, als Victorino sich in sein Zelt zurückzieht. Den ganzen Tag lang ist er seiner Gruppe vorausgegangen, wie ein Uhrwerk das Tempo haltend. Immer wieder hat er zurückgeblickt, sich vergewissernd, dass auch jeder mitkam, trotz der dünnen Luft auf 4000 Metern, trotz des Auf und Ab über staubige Pfade und holprige Wege aus der Inkazeit. „Wir werden alle am selben Ort ankommen", hat er die Langsamen getröstet. Aus seinem Mund klang das nicht lapidar.

ELF JAHRE ALT war Victorino, als sein Vater starb. Am Morgen des 13. Dezember 1941, in einer Schlammlawine, die Huaraz zerstörte. 6000 Menschen kamen damals ums Leben. Victorino rettete sich auf einen Hügel. Er war nackt; Erde, Steine und Wasser hatten ihm die Kleider vom Leib gerissen. Danach war Victorinos Kindheit vorbei: Er musste arbeiten. Zu Beginn der 1950er-Jahre begannen europäische Bergsteiger, die Gipfel der Cordillera Blanca zu erkunden. Victorino verdingte sich als ihr Träger, schleppte Zelte, Proviant. Und er beobachtete die Männer, wie sie Eiswände erkletterten, mit Pickel und Steigeisen. Wie sie Felsen bezwangen, mit Seil und Haken gesichert. So wurde Victorino zu einem Wissenden, auf dessen Erfahrung und Ortskenntnis die bergsteigenden Abenteurer aus Deutschland, der Schweiz, Frankreich und Italien bald nicht mehr verzichten wollten.

Auf dem Gipfel des Alpamayo stand Victorino Angeles nie, dennoch kennt er den Berg bestens

MORGENDLICHER SONNENSCHEIN verdrängt die Regenwolken, vom Ostwind aus dem Amazonasbecken über die Andengipfel geschoben. Tau glitzert auf den gelbbraunen Halmen des Ichu-Grases, das in Büscheln, wie Igelstacheln, in die Höhe wächst. Der Regen der Nacht hat die Luft gereinigt, und nun präsentiert sich die Landschaft mit einem grandiosen Kontrast: Über der kargen Steppe und einer steinigen Gletschermoräne ragt eine blendend weiße Bergspitze auf.

„Aus den Zelten", ruft Bernhard Huhn über den Lagerplatz. „Der Alpamayo kommt!" Tatsächlich, zum ersten Mal scheint der 5947 Meter hohe Gipfel zwischen Wolkenresten hindurch, eine Pyramide aus Eis und Schnee, ein Toblerone-Berg, symmetrisch, perfekt. Kein wirklicher Bergsteiger ist, wer nicht sofort den starken Impuls verspüren würde, dort hinaufzukommen.

So ging es auch Huhn, als er mit seinen drei Freunden vor Jahrzehnten hier stand. Kopf der Mannschaft war Günter Hauser, ein Pforzheimer Ingenieur, der später als Entwicklungshelfer in Afrika, dann als Geschäftsführer des Deutschen Alpenvereins arbeitete. 1973 bündelte das Organisationstalent seine Fähigkeiten mit der Gründung von „Hauser exkursionen" – um auch Normalmenschen „eine besondere Art des Reisens zu ermöglichen", wie es in der allerersten, nur sechsblättrigen Broschüre des Unternehmens steht.

Für Hauser exkursionen, längst einer der profiliertesten Anbieter von „Komforttrekkings", arbeitet Huhn bis heute. →

In den Abendstunden schiebt der Ostwind Regenwolken aus dem Amazonasbecken über die Anden. Die Wanderer haben sich in ihre acht gelben Kuppelzelte verkrochen

Da das lukrative Geschäft mit den Bergtouristen aber nur funktioniert, wenn die deutsche Agentur auf das Wissen von Experten vor Ort bauen kann, wurde Victorino Angeles im Verlauf der Jahre vom Träger zum Tourmanager, vom Dienstleister zum Geschäftspartner. Sein Werdegang steht damit stellvertretend für viele Kleinunternehmer, die in den Gebirgsregionen dieser Welt heimisch sind und sowohl ihre Erfahrung als auch ihre Kontakte als Kapital begreifen.

International operierende Trekkinganbieter wie Hauser exkursionen oder der „Summit Club" des Deutschen Alpenvereins beschränken sich seit etlichen Jahren nicht mehr darauf, die Träger, Köche und Helfer zu beschäftigen, die ihnen ihre Partner in den Anden, im Himalaya, im Pamir oder in Ostafrika vermitteln: Sie bilden sie selbst aus. Geschulte lokale *guides*, die Fremdsprachen lernen, werden so zu Wanderführern, die ihre Heimat nicht nur gut kennen, sondern ihren Gästen auch wirklich nahebringen können.

NUR WENIGE TEILNEHMER dieser Abenteuerreise wären wohl in der Lage, sich ohne Victorino zurechtzufinden, die richtigen Pässe zu orten, die besten Wege auszumachen, die Lagerplätze, neun Tage lang, von Hualcayan nach Colcabamba, von der West- auf die Ostseite der Cordillera Blanca, einmal um den Alpamayo herum. Junge und begeisterte, aber unerfahrene Neulinge sind darunter. Theoretiker, die alle Gipfelnamen samt Höhe und Besteigungsgeschichte auswendig vorsagen können. Alte Hasen, die seit Jahrzehnten unterwegs sind, aber nie alleine, immer mit Bergführern. Und ein Hanseat, der nach 30 Jahren zur See die Gebirge der Welt für sich entdeckt.

Noch bevor sie sich aus dem Schlafsack rollen, um sechs Uhr früh, reicht einer aus der Küchenmannschaft ihnen Tee ins Zelt. Draußen dampft in einer grünen Plastikschüssel schon warmes Wasser für die Katzenwäsche. Frühstück um sieben Uhr und ein Lunchpaket sind ebenfalls gerichtet. Abmarsch ist um acht. Das Lager, das aus einem Küchen- und einem Essenszelt, zwei Toiletten- und acht Teilnehmerzelten besteht, wird unterdessen von den *arrieros* abgebaut. Die Eseltreiber beladen 32 Lasttiere mit Reisetaschen, Rucksäcken, Alukisten und Plastiktonnen. Sie selbst tragen nur ihre Sandalen.

„Vamos", gehen wir, sagt Victorino mit leiser Stimme, fragend fast. Nicht weil er unsicher wäre. Eher aus der Gewissheit heraus, dass sowieso passieren wird, was er möchte. Ein Selbstvertrauen, das es dem kleinen Mann erlaubt, zurückhaltend zu bleiben und gelassen. Er

Mit weißen Handschuhen servieren die Köche das Mittagessen am ersten Trekkingtag. Eine Übernachtung später bereitet der Chefkoch Omeletts zu: eine Stärkung und ein Luxus zugleich nach dem Aufstieg über die Laguna Cullicocha zum Paso Osoruri auf 4860 Meter Höhe

greift seine Wanderstöcke, zupft die Gamaschen zurecht, zieht die Brille auf, deren Fensterglas seine Augen vor Staub schützt. Dann geht er los, hinauf zum Gara-Gara-Pass, 4830 Meter, dem zweithöchsten der Alpamayo-Wanderung.

SEIN SOHN MAX bricht in die entgegengesetzte Richtung auf. Ihm folgen die beiden Bergsteiger, die auf den Gipfel des Alpamayo wollen. Heute trennen sie sich von der Gruppe, um sie nach fünf Tagen auf der anderen Seite des Berges wiederzutreffen. Bernhard Huhn wünscht ihnen, „dass ihr heil vom Berg runterkommt".

Max ist das zweitjüngste von Victorinos sieben Kindern. Alle haben sie studiert. Finanziert von ihrem Vater, der das Geld dazu in den Bergen verdiente, von den Kindern vermisst und bewundert zugleich. Max und zwei Brüder sind nach ihrer Berufsausbildung Bergführer geworden, dem Beispiel des Vaters folgend, seinem Willen zum Trotz. Wäre es nach Victorino gegangen, würde Max als Ingenieur arbeiten. „Denn wer von den Bergen lebt", sagt Victorino, „muss sich ihnen opfern, voll und ganz." Das Leben im Tal, die Familie, die Freunde, Haus und Hof, das alles wird zur Durchgangsstation. Als Bergführer hat man zwar ständig mit Menschen zu tun, kann aber auch schnell einsam werden.

Max hielt das nicht ab. 2001 absolvierte er als einer der ersten Peruaner in den Schweizer Alpen die international anerkannte Bergführerausbildung. Seither arbeitet er Sommer für Sommer in der Cordillera Blanca. Nicht ruhig und besonnen, wie sein Vater, sondern schnell, manchmal hastig. So, wie man es als moderner Bergführer eben lernt: Schnelligkeit ist Sicherheit. Wer sich auf dem Gletscher unterhalb des Alpamayo, in dem sich Spaltenmäuler öffnen und hausgroße Eisblöcke einzustürzen drohen, wer sich in solch einem Irrgarten zu lange aufhält, den erwischt es irgendwann.

Um seine Begleiter sicher an den Fuß der 350 Meter hohen Alpamayo-Südwestwand zu bringen, hat Max sie ans Seil genommen. Immer wieder muss einer der beiden stehen bleiben, mit klopfendem Herzen auf den Eispickel gestützt, den Mund weit aufgerissen, nach Luft ringend. Dann lächelt Max, ein, zwei Augenblicke lang. Bevor er sich wieder bergan dreht und am Seil zieht: „Vamos!" Bei ihm ist das ein Befehl.

Am zweiten Tag des Aufstiegs schlagen die Bergsteiger ihre Zelte auf einem fußballfeldgroßen Gletscherplateau auf. Sie sind jetzt 5400 Meter hoch – die Höhensonne verbrennt die Haut, trocknet die Münder aus, macht aus leichtem Kopfweh hämmerndes Pochen. Bis auf die langen Unterhosen und sein T-Shirt →

entkleidet, liegt Max auf seinem Schlafsack. Die Sonnenbrille lässt er vor den Augen, so grell ist das Licht. Jetzt wäre er gern „en la playa“, sagt er, am Strand.

WÄHREND DER BERGSAISON arbeiten sowohl Max als auch Victorino für die Agentur „Explorandes“, die seit den 1970er-Jahren der peruanische Partner von Hauser exkursionen ist. Die Kooperation zeigt, dass die Idee Günter Hausers Realität wurde: Der Firmengründer, der 1981 beim Bergsteigen in Chile tödlich verunglückte, wollte, dass Reisende von Einheimischen und Einheimische von Reisenden profitieren. Ein möglichst großer Teil der Einnahmen sollte in den Ländern der Bergführer bleiben. Inzwischen arbeiten in Nepal etwa 400 Menschen während der Saison für Partneragenturen des Münchner Unternehmens, am Fuß des Kilimandscharo sind es 200. Die Mitarbeiter von Explorandes – Bergführer, Fahrer, Köche, Einkäufer, Eseltreiber – ernähren 50 Familien in Huaraz und Umgebung. Ein Träger verdient pro Tag 25 US-Dollar. Hat er 15 Tage Arbeit, kommt er auf 375 US-Dollar. Ein Lehrer verdient 230 im Monat.

In Huaraz gibt es etwa 45 Agenturen, die in der Cordillera Blanca operieren. Genau weiß das niemand, da viele Anbieter so schnell Pleite machen, wie sie gegründet wurden, andere ihr Geschäft schwarz abwickeln. Um sich gegen die Konkurrenz durchsetzen zu können, achtet man bei Explorandes besonders darauf, sich ökologisch bewusst zu verhalten. Die Eseltreiber etwa werden im artgerechten Umgang mit ihren Tieren trainiert. Während des Trekkings darf keiner aus der Mannschaft rauchen oder trinken, weder Küchenjungen noch Bergführer. Diese werden sogar angehalten, im eigenen Haus den Müll zu trennen. Auch in den Bergen kommen organische Abfälle in grüne, die restlichen in schwarze Plastiktüten. Entsorgt wird alles in Huaraz. Bei Explorandes wissen sie ganz genau, dass die Schönheit des „Parque Nacional Huascarán“ essenziell für eine gute Zukunft ist.

Victorinos Gruppe jedenfalls ist mit dem Service auch am fünften Trekkingtag noch zufrieden. Es ist zwölf Uhr, Zeit für die Mittagspause. Über dem Alpamayo, dessen Nachbargipfel sich wie Zacken einer Säge aneinanderreihen, schweben zwei Kondore.

Die Touristen legen ihre Rucksäcke ab, setzen sich auf Granitfindlinge, erwartungsvoll. Hinter ihnen liegt ein steiler Abstieg durch Felsen und Geröll, vor ihnen ein langer Weg über grasige Hügel. Sie sind hungrig. Die Köche ziehen ihre Hauben auf, streifen sich weiße Handschuhe über, binden sich Schürzen um. Auf Benzinkochern erwärmen sie das Mittagessen, das sie schon am Morgen zubereitet haben. Es gibt Huhn, Erbsen und Bohnen, Reis, Süßkartoffeln. Die drei Vegetarier der Gruppe bekommen ein Omelett serviert. Zum Nachtisch wird Papaya aufgeschnitten und Tee gereicht. Der Küchenjunge geht mit der Zuckerdose von Mann zu Mann: „Sugar? One or two spoons, please?“ Bevor er umrühren kann, bringt ihn eine Böe aus dem Gleichgewicht.

Victorino sitzt etwas abseits der Gruppe, dort, wo es windstill ist. Als einer der Trekker sich zu ihm gesellt, überlässt er ihm seinen Platz. „Zuerst der Gast“, sagt Victorino, obwohl der Mann 40 Jahre jünger ist als er. Auf der Baseballkappe des Touristen steht „Wilde Welt“. Aber wer mit Victorino durchs Gebirge wandert, muss nur gehen. Er braucht sich sonst um nichts zu kümmern. Er muss nicht kochen, weder Karte noch Kompass lesen, kein Spanisch, nicht einmal Englisch sprechen können – Bernhard Huhn übersetzt jede Frage, jeden Wunsch.

Manche Teilnehmer wechseln in acht Tagen kein einziges Wort mit den peruanischen Begleitern, die schüchtern sind und abwartend. Die unter sich bleiben, nicht aus Unhöflichkeit, sondern weil sie nicht stören wollen. „Disculpe“, Entschuldigung, ist vermutlich das am häufigsten gebrauchte Wort während der Trekkingtour.

UM VIER UHR FRÜH weckt Max seine Gäste. Sie haben schlecht geschlafen, während der Nacht haben ihnen die Köpfe gedröhnt. Die Feuchtigkeit, die am Vortag an den Zeltwänden kondensiert ist, liegt nun wie eine eisige Kruste über Bergschuhen, Jacken und Handschuhen. Das Anziehen wird zur Tortur. Es sind minus 15 Grad Celsius. Wie in Zeitlupe bewegen sich die Bergsteiger. Im Kegel ihrer Stirnlampen sehen sie nur wenige Meter weit in die Dunkelheit. Max geht voraus. Er sucht die Route, legt Sicherungen, gibt Seilkommandos. 15-mal ist er bereits auf den Alpamayo gestiegen. Seine Routine weckt Vertrauen. Doch auch seine Erfahrung ist keine Sicherheitsgarantie: 2003 entging er nur knapp einer Lawine, die sich am Gipfelgrat gelöst hatte. Acht Bergsteiger wurden in den Tod gerissen. „Mala suerte“, sagt Max: Pech. Er weiß, dass es immer ein unberechenbares Abenteuer sein wird, auf Berge zu steigen.

Sechs Stunden lang klettert die Seilschaft mit Eispickeln und Steigeisen durch einen Kanal, den Sonne und Wind in die steile Wand gefräst haben. Dann erreicht sie den Gipfel, der gerade groß genug ist für die drei Bergsteiger.

50 Jahre sind vergangen, seit Bernhard Huhn als Erstbesteiger auf dem Alpamayo stand, von Victorino unterstützt. Damals haben sich die beiden Männer nicht vorstellen können, welche Erfolgsgeschichte aus ihrer Begegnung erwachsen würde.

ZWEI NÄCHTE UND ZWEI TAGE später trifft die Gruppe wieder zusammen. Es ist schwül auf der letzten Etappe. Victorino hat seinen Campesino-Hut ins Genick geschoben, das Hemd aufgeknöpft. Um den Hals trägt er einen Rosenkranz. Wieder haben Angeles senior und junior ihre Gäste gut zurückgebracht. „Solandino“, die „Sonne der Anden“, heißt die Trekkingagentur, die Vater und Sohn gegründet haben. Victorino, der ehemalige Träger, hat sich damit einen Traum erfüllt.

Autor **Tom Dauer**, 38, und Fotograf **Moritz Attenberger**, 29, glaubten, nach ihrer Alpamayo-Besteigung das Abenteuer hinter sich zu haben. Da wussten sie noch nicht, dass die Rückfahrt auf der Schotterstraße über den 4767 Meter hohen Portachuelo-Pass viel gefährlicher werden würde.

→

Fünf Jahrzehnte nach der Erstbesteigung lässt sich Bernhard Huhn den Morgentee am Zelt servieren. Das Lager unter der geriffelten Alpamayo-Südwestwand ist weit weniger gemütlich. Vom höchsten Punkt der Pyramide blickt Maximino Pedro Angeles auf den viergipfeligen Pucajirca

▶ PERU

Für Höhepunkte ohne Tiefschläge

GEO-Special-Reporter geben Tipps für den Aufstieg

WER GUTER GESUNDHEIT IST und über eine gewisse Grundfitness verfügt, also leichter Belastung lange standhält, wird das Trekking am Alpamayo (5947 m) schaffen. Außer er verträgt die Höhe nicht: Die Reise führt über Pässe von knapp 4900 Metern. Leider beugt körperliche Fitness Anfällen von akuter Höhenkrankheit, dem Höhenlungen- oder Höhenhirn-Ödem nicht unbedingt vor. Es gibt jedoch einige Verhaltensregeln, durch die Sie das Risiko einschränken können.

Vorbereiten

Es schadet nicht, sich vor der Reise in hohe Berge einem Höhenverträglichkeitstest zu unterziehen. Dabei bewältigt man auf einem Laufband eine ansteigende Belastung, während der verschiedene Parameter (Laktatwert, Herzfrequenz, Sauerstoffsättigung des Blutes) gemessen werden. So erhalten Sie Anhaltspunkte, bis zu welcher Höhe Sie problemlos aufsteigen können. Zudem gibt es Möglichkeiten, sich bereits zu Hause gezielt zu akklimatisieren. Informationen dazu haben etwa **> Hermann Buhl Hypoxie Forschungs- und Trainingszentrum** *Bad Reichenhall, Tel. 08651/76 23 30, www.khmoderne.com*, **> Höhenbalance AG** *Köln, Tel. 0221/788 59 21, www.hoehenbalance.de*, **> Traveldoc** *Wien, Tel. 0043-1/505 64 46, www.traveldoc.at*.

Ankommen

Der akuten Höhenkrankheit beugen Sie am wirksamsten durch eine **langsame Akklimatisierung** vor. Diese beinhaltet einen drei- bis viertägigen Aufenthalt auf 2500 bis 3000 Metern, bei dem Sie sich durch Tageswanderungen an die Höhe gewöhnen. Am ersten Tag sollten Sie gar keinen oder nur einen sehr geringen Höhenunterschied überwinden. Danach schrittweise vorgehen, die Ziele also von Tag zu Tag höher setzen, um abends in tieferen Lagen auszuruhen.

Unterwegssein

Auch während des eigentlichen Trekkings ist es wichtig, nicht allzu schnell in größere Höhen aufzusteigen – nur so kann sich der Organismus an den verringerten Sauerstoffpartialdruck anpassen. Als Faustregel gilt: hoch steigen, tief schlafen. So sollte der tägliche Höhengewinn nicht mehr als 500 Meter betragen. Alle 1000 Höhenmeter ist ein Ruhetag anzuraten und nach der Überquerung hoher Pässe ein möglichst tiefes Nachtlager. Essenziell ist es zudem, viel zu trinken. Die **akute Höhenkrankheit** kündigt sich mit folgenden Symptomen an: Kopfschmerzen, Übelkeit, Appetitlosigkeit, unruhiger Schlaf, nächtliche Atempausen. In diesem Zustand sollten Sie rasten, trinken und gegebenenfalls absteigen. Verschlimmern sich die Symptome, ist ein sofortiger, schneller Abstieg nötig.

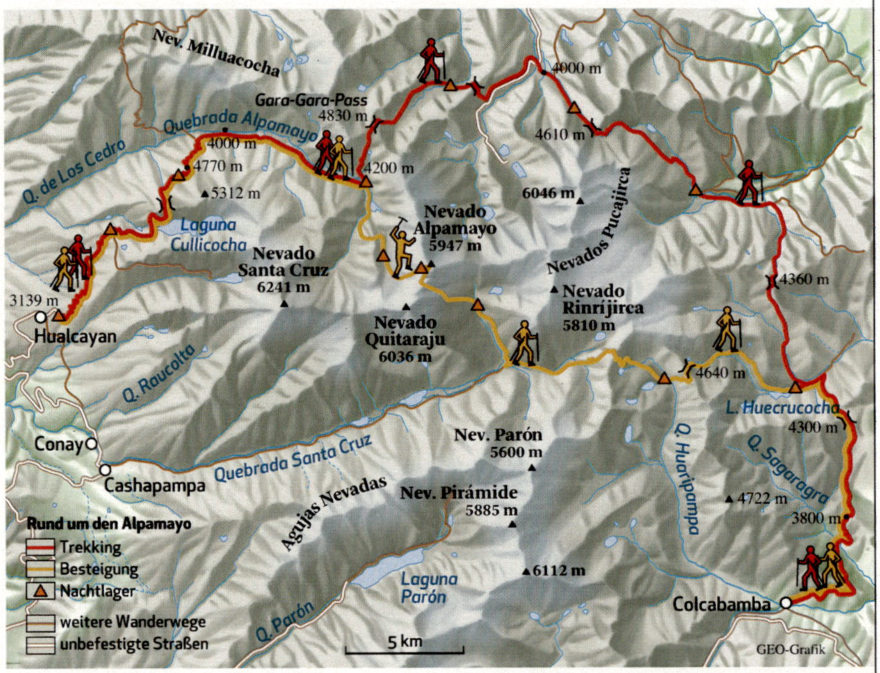

Acht Tage dauerte das Trekking am Alpamayo – der Weg über den Gipfel ebenso

ZUM WEITERLESEN: Ausführliche Informationen zu den Themen Akklimatisierung und Höhenkrankheiten bieten die Website der **Deutschen Gesellschaft für Berg- und Expeditionsmedizin**, *www.bexmed.de*, und das Buch **Oswald Oelz und Elisabeth Simons: Kopfwehberge**. Eine Geschichte der Höhenmedizin, AS Verlag, 2001, 26,80 €.

Anbieter

Bei **> Hauser exkursionen** *München, Tel. 089/235 00 60, www.hauser-exkursionen.de* dauert die Umrundung des Alpamayo und Huascarán – letzterer ist mit 6768 Meter Höhe der höchste Berg Perus – insgesamt 24 Tage. Zwei Wochen am Stück ist man in der Cordillera Blanca unterwegs, die restliche Zeit beinhaltet die Akklimatisierungsphase, An- und Rückfahrt von und nach Lima sowie einen eintägigen Aufenthalt in der Landeshauptstadt. Die Reise kostet 3350 € inklusive Flug.

Eine Besteigung des Alpamayo und des Huascarán hat der Expeditionsveranstalter **> Amical Alpin** *Bühlertal, Tel. 07223/91 17 86, www.amical.de* im Programm. Teilnehmer müssen neben einer sehr guten Kondition auch über eine perfekte Eistechnik verfügen. Die Reise wird von einem staatlich geprüften Bergführer geleitet, dauert 23 Tage und kostet 3880 €.

Wer eine Peru-Reise plant und sich vor Reisebeginn nicht festlegen mag, kann sich auch vor Ort noch einem Alpamayo-Trekking oder anderen Touren durch die Cordillera Blanca anschließen. Die zuverlässigsten Anbieter in Huaraz sind **> Solandino** *Tel. 0051-43/42 22 05, www.solandino.com*, **> Explorandes Peru** *Tel. 0051-43/42 19 60, www.explorandes.com* und **> Peru Mountain Explorers** *Tel. 0051-43/42 57 97, www.mountainexplorers.com*. ■

EINSATZ FÜR EINE BESSERE WELT

FOTOS ¬ MATTHIEU PALEY TEXT ¬ JULIANE VON MITTELSTAEDT

Im Urlaub die Füße hochlegen, gut und schön. Aber immer mehr Menschen geben ihren Ferien einen tieferen Sinn: Sie helfen bei wissenschaftlichen Projekten. Zum Beispiel bei der Erforschung des Koala-Lebens auf der australischen Insel St. Bees. So auch ein GEO-Special-Team

Nach dem englischen Wort für »freiwillig« sind die Arbeitsferien benannt: Volunteering. Auch im australischen Osten, wo die Freiwilligen das Objekt ihrer Wissbegier sichtlich unbeeindruckt lassen: den Koala

WIEDER NICHTS GEPEILT? **Dann dürfen die Freizeitforscher statt Spuren im Sand auch mal ein Buch am Strand lesen**

OLIVIA SCHLÄFT. Und schläft. Und schläft. Um drei Uhr nachts frisst sie zwei Blätter. Um halb vier kratzt sie sich. Dann rollt sie ihren Körper wieder zu einem Fellbündel. Seit Mitternacht beobachten wir das Koalaweibchen, das in zehn Meter Höhe in der Krone eines Eukalyptusbaumes hockt, den Kopf gegen einen Ast gelehnt, die Augen geschlossen. Alle fünf Minuten leuchten wir es mit einer Rotlichtlampe an und notieren, was es tut. Das ist recht einfach, knapp 100-mal kreuzen wir an: Olivia schläft.

Die Augen fallen auch mir zu, Sekundenschlaf, Minutenschlaf, durch den Traumblitze wirbeln. Wieder wach. Der Flügelschlag eines Flughundes. Eine Eule ruft, eine antwortet. „Caroline, bist du wach?" „Ja", wispert die Französin, die neben mir auf dem Waldboden kauert, von Finsternis umhüllt wie von einer Decke. Als es gegen halb fünf heller wird, streckt sich der Koala und lässt ein Bein vom Ast baumeln. Um acht Uhr löst uns das nächste Team ab.

Vor einer Woche sind wir auf St. Bees Island angekommen: ein halbes Dutzend Freizeitforscher, die einen zweiwöchigen Forschungsaufenthalt gebucht haben. Begleitet vom 54-jährigen australischen Koalaforscher Alistair Melzer, organisiert von der internationalen Naturschutzorganisation Earthwatch. 2695 Euro kostet die Teilnahme, dafür hätten wir uns auch eine Luxuskreuzfahrt leisten können. Stattdessen finanzieren wir eine Langzeitbeobachtung der Koalapopulation auf St. Bees – an der wir noch dazu selbst mitarbeiten. Zuvor haben wir in einem achtseitigen Formular angegeben, ob wir in den vergangenen Monaten einen Psychologen aufsuchen mussten, ob wir rauchen und wie lange wir glauben, mit 18 Kilo Gepäck wandern zu können. Ein Urlaub, so wussten wir, würde das nicht. Aber den haben wir schließlich auch nicht gesucht.

Obwohl St. Bees alles hätte, was es dazu bräuchte. Die Insel liegt 25 Kilometer vor der Küste Queenslands, im südlichen Teil des Great Barrier Reef Marine Park. Mit Regenwaldtälern, durch deren dichtes Blätterdach kaum ein Sonnenstrahl dringt; mit Bergrücken voller Feigenkakteen, auf denen uns schwarzblaue Schmetterlinge umflattern; mit steilen Bergflanken und schroffen Klippen, leuchtend weißen Stränden und rundherum einem wilden Korallenriff.

Eine sechssitzige Propellermaschine hat uns auf die Nachbarinsel geflogen: zehn Bewohner, die Landebahn ein schmaler Strich neben dem Strand. Von dort ging es per Schiff nach St. Bees. Fünfmal hin und her, bis Menschen, Ausrüstung und Lebensmittel für zwei Wochen am Strand angelandet waren.

Auf der Insel begrüßte uns ein Grollen und Grunzen, das aus allen Richtungen zu kommen schien; es waren die Schreie männlicher Koalas. Sie klangen fast, als riefen die Tiere nach uns. Oder auch, als lachten sie uns aus, die wir gekommen waren, um sie aufzuspüren, ihr Verhalten zu studieren. Auf welchen Bäumen sitzt ein Koala tagsüber? Wann frisst er, wann schläft er? Und wie weit wandert er jeden Tag? Diese Fragen trieben uns um. Denn nur wer weiß, wie sich ein Koala verhält, kann adäquate Schutzmaßnahmen für ihn ersinnen.

LANGE ZEIT wurde das Leben der Koalas nicht systematisch erforscht. Man dachte, man wüsste schon alles über diesen ewig lächelnden Bären, der doch kein Bär ist, sondern der Beutelsäuger *Phascolarctos cinereus*, am nächsten verwandt mit dem Wombat.

„Aber Koalas bergen Geheimnisse", schrieb mir Sandy aus Wisconsin kurz vor unserer Reise in einer E-Mail. Warum, zum Beispiel, seien einige Koalas resistenter gegenüber Chlamydien, einer Bakterienfamilie. „Es wird bestimmt toll, das herauszufinden."

Sandy ist Ärztin, im normalen Leben erstellt sie Gutachten für Versicherungen. Mit 59 Jahren ist sie die älteste Teilnehmerin und erfüllt sich jetzt, wo sie ihre Arbeitszeit halbiert hat, einen Jugendtraum: Tiere zu schützen. Bevor sie nach St. Bees kam, arbeitete Sandy als freiwillige Helferin im Zoo von Brisbane. Nach dieser Reise will sie einen Verein zum Schutz der Berggorillas in Ruanda gründen.

Die anderen: Gen, eine Studentin der Filmwissenschaft aus New York, mit 19 Jahren die Jüngste; Alisha, eine amerikanische Biologin, die Schimpansen aus Versuchslaboren betreut; Sally, eine Australierin, angestellt bei einer Beschwerdehotline für Falschparker. Caroline, die für das Earthwatch-Büro in Melbourne arbeitet und häufig selbst an Exkursionen teilnimmt. Und die beiden Französinnen Caroline und Maud, die in Nantes Agrarökonomie studieren und als Praktikantinnen Forschungsleiter Melzer unterstützen. Allesamt Stadtbewohner auf der Suche nach Ursprünglichkeit. Auf einer Suche vielleicht auch nach sich selbst: Gen will das Studienfach wechseln, Biologin Alisha hat gerade gekündigt, und Sally gehen die Nutzer ihrer Hotline längst auf die Nerven.

Dass unsere kleine Gruppe allein aus Frauen besteht, ist kein Zufall. Nach Angaben des Dachverbands „Year Out →

Koalas zu finden, kann so kompliziert sein, wie es Alistair Melzer von der Universität Queensland andeutet. Andererseits: Die Beutelsäuger sind auch dankbares Forschungsobjekt. Hat man einen entdeckt, läuft der in der Regel nicht weg

Im Beutel hocken Koalas nur die ersten neun Monate nach der Geburt. Veronica muss für eine halbe Stunde nachsitzen, ihr Peilsender ist defekt und wird nun ausgetauscht

Group", der die Angebote von 37 Freiwilligen-Organisationen bündelt, werden solche Offerten zu 60 Prozent von Frauen wahrgenommen. Diese scheinen nicht nur engagierter, sondern auch härter im Nehmen zu sein als ihre männlichen Kollegen. Insgesamt registriert Year Out Group eine steigende Anzahl von Menschen, die sich an Freiwilligen-Projekten beteiligen. Ein Trend, der von Earthwatch bestätigt wird. Die Organisation schickte im Jahr 2006 rund 4000 „Volunteers" in alle Ecken der Welt, im Gründungsjahr 1971 waren es ganze 39. Der deutlichste Sprung erfolgte in den vergangenen zwölf Jahren: Da stiegen die Teilnehmerzahlen global um etwa 25, in Europa sogar um über 60 Prozent.

PROJEKTLEITER ALISTAIR MELZER hat über Koalas promoviert und widmet sein Leben seit 20 Jahren der Erforschung dieser Tiere. Er trägt Khakihemden und -hosen mit einer Selbstverständlichkeit, die ahnen lässt, dass er selten etwas anderes anzieht. Mit seiner Frau wohnt der Ökologe nördlich von Brisbane in einem Holzhaus, auf dem Dach hat er Solarkollektoren installiert, auf dem Grundstück Regenwassertanks aufgestellt.

Am ersten Tag unseres Aufenthalts sitzt Melzer auf der Veranda eines von nur drei Häusern auf St. Bees. Vor sich ein Buch über die gefährlichsten Tierarten Australiens. Es geht darin um Regeln auch für uns: Morgens die Schuhe ausschütteln, es könnten sich Giftspinnen oder Skorpione darin befinden. Niemals allein das Camp verlassen. Nach der Bergung eines toten Koalas die Hände desinfizieren. Doch Melzers wichtigste Vorgabe lautet: „Wir wollen jeden Tag 20 Koalas registrieren. Dafür sind wir hier."

St. Bees ist der perfekte Ort für Melzers Studie: Die schätzungsweise 300 Koalas auf der Insel leben ohne äußere Einflüsse, keines der 20 mit einem Peilsender ausgerüsteten Tiere kann einfach verschwinden. Außerdem ist die Zahl der Koalas hier seit Jahren konstant, während die Populationen auf anderen Inseln so rasant wachsen, dass die Blattfresser die Bäume zerstören – und damit auch ihre Lebensgrundlage.

Seit über acht Jahren kommt Forscher Melzer regelmäßig nach St. Bees, vier weitere sollen es noch sein. Seine Hoffnung ist es, herauszufinden, wie sich die Koalas in Zeiten des Klimawandels schützen lassen, obwohl viele ihrer natürlichen Lebensräume verschwinden.

Vor allem anhaltende Dürreperioden bedrohen ihre Nahrungsgrundlage. Koalas sind nämlich die etwas einfältigen Gourmets unter den Pflanzenfressern; außer den Blättern einiger weniger Eukalyptusarten, die unter der Trockenheit leiden, nehmen sie fast nichts zu sich. Und ihr Gehirn ist so klein, dass sie sich neuen Gegebenheiten schlecht anpassen. Sie würden vor ihren Lieblingsblättern sitzend verhungern, wenn man diese auf den Boden streute. Die Blätter müssen an Zweigen wachsen und diese wiederum an einem Baum, sonst frisst ein Koala sie nicht. Das ist der Grund, weshalb Koalas in Zoos so selten sind und weswegen sie sich seit 25 Millionen Jahren kaum verändert haben. Nur weniger geworden sind sie. „Wo es auf dem Festland früher 40 Koalas pro Quadratkilometer gab, haben wir vor Kurzem nur noch zwei gefunden", erzählt Melzer.

Unsere Mission also ist keine unwichtige. Und so kann das Meer am Nachmittag noch so verlockend schillern, wir Hobbyforscher versammeln uns, den Rücken zum Wasser gewandt, um ein ausrangiertes Trampolin, das uns als Tisch dient. Darauf liegen Geräte, die für die Koalasuche benötigt werden: Ferngläser, GPS, Notrufsender für Unfälle, Klemmbretter, Handfunkgeräte und – unverzichtbar – der Funkempfänger mit etwas, das aussieht wie eine Zimmerantenne aus Zeiten des Schwarzweißfernsehens. Diese Antenne in die Luft haltend, den Blick auf die Anzeige des Empfangsgerätes gerichtet, sehen wir aus, als wollten wir mit außerirdischen Lebewesen Kontakt aufnehmen. Und ein bisschen ist das ja auch so.

MELZER WIRD UNS FORTAN täglich neu in zwei Dreiergruppen einteilen, „damit jede von euch die Chance hat, jede andere gleichmäßig hassen zu lernen". An diesem ersten Tag schreitet Melzer mit der Antenne noch selbst voran; wie der Anführer einer UFO-Sekte, auf dem Kopf einen Strohhut, von dem nicht mehr als der breite Rand übrig ist. Den Rest hat Melzer abgerissen, zur besseren Durchlüftung. Leichtfüßig klettert er die Berge hinauf, während wir mit den tastenden Schritten von Stadtbewohnern durch die Wildnis stapfen.

Nach einer Weile übergibt der Forscher das Peilgerät an Versicherungsärztin Sandy. Sie stellt die Frequenz für den Koala Natascha ein und lotst uns kreuz und quer durch das Unterholz. Vorsichtig tauchen wir unter fein gesponnenen Netzen hindurch, in deren Mitte dicke Spinnen mit orangefarbenen Beinen hocken. Wir ignorieren anderthalb Meter →

INVENTUR **nach 14 Tagen. 53 Koalas wurden registriert, die untersuchten waren zwischen 1,03 und 9,75 Kilogramm schwer. Bilanz auf Menschenseite: ein lädierter Arm**

NACHTAKTIV sind auf St. Bees in erster Linie die Forscher. Für die Koalas notieren sie zumeist »schläft, schläft, schläft«

lange Warane, die sich bedrohlich vor uns aufplustern, straucheln über Steine, rutschen Hänge hinunter, nur um sie gleich wieder hinaufzuklettern. Schließlich irren wir durch einen Mangrovenhain – bis die Nadel des Peilgerätes doch noch ausschlägt. Sandy dreht die Antenne so nervös in alle Richtungen, dass es aussieht, als verquirle sie heiße Luft.

Wenig später stolpern wir fast über unseren ersten Koala. Natascha, besser gesagt: das, was von ihr übrig geblieben ist. „Exzellente Arbeit", lobt Melzer, „ein toter Koala, am Boden liegend, ist am schwersten zu finden." Dann kniet er sich neben den Kadaver, schneidet Fell und Sehnen von den Knochen des Tieres und sammelt alles in einem Plastikbeutel, damit später in einem Labor die DNS analysiert werden kann. Sandy hockt sich dazu und packt beherzt mit an. Natascha ist schnell zerlegt.

Kurz vor Sonnenuntergang finden wir Freedom. Sie sitzt in der Astgabel eines Eukalyptusbaumes und scheint uns mit ihren Knopfaugen zuzuzwinkern. Mit ihrem runden Gesicht und ihrer großen, keilförmigen Nase sieht das Koalaweibchen aus, als würde es lachen: ein silbergrauer Teddybär mit dem Umfang einer gut genährten Hauskatze, der reflexartig Streichelgelüste bei seinen Betrachterinnen auslöst. Was wiederum die Geschlechterzusammensetzung in unserer Gruppe erklärt, das Fehlen männlicher Hobbyforscher. Die Tierchen sind eben „süß, wenn auch ein bisschen langweilig", wie Caroline, die Französin, am dritten Tag feststellt.

Wann immer wir einen Koala finden, absichtlich oder zufällig, notieren wir Ort, Uhrzeit, die Baumspezies, auf der er sitzt, und vermessen die benachbarten Pflanzen, damit die Forscher später ein Profil der Umgebung erstellen können. Auch die Aktivität des Tieres vermerken wir. Was allerdings nicht nur nachts einfach ist: Koalas verschlafen rund 20 von 24 Stunden; daher kommen sie mit einem knappen halben Kilogramm Eukalyptusblättern aus. Einer Nahrung, die wenig energiereich und für die meisten Lebewesen giftig ist. Koalas schaffen es, sie zu entgiften – das aber kostet sie einen Teil der gewonnenen Energie.

„Kaut selbst ein Blatt, damit ihr wisst, wie es den Koalas geht", ermuntert uns Melzer. Machen wir: Eukalyptus ist bitter, fasrig, und sofort trocknet der Mund aus. Wir probieren während unserer Inseltage auch grüne Ameisen, Kaktusfrüchte und die exquisiteste Speise, die hier von der Natur geboten wird: Austern. Nach der Arbeit eilen wir hinaus in die trockengefallene Bucht, um sie dort aufzuschlagen und vor Ort zu schlürfen.

Am Abend, sobald die Sonne untergegangen ist, versammeln wir uns stets an einem langen Tisch und proben den Ruf des Koalas. Erst ein lang gezogenes, kehliges Schnarchen, dann ein scharfes, abruptes Ausatmen. Und weil sich daraufhin nie ein Koala blicken lässt, erzählen wir uns von den Erlebnissen des Tages: von jenem Wallaby, das den Komposteimer hinter dem Haus geleert hat. Von dem Skorpion, der unter einer Reisetasche saß. Von Sally, die vergessen hat, einen Ausleger der Antenne anzuschrauben, und so ihre Gruppe eine Stunde in die falsche Richtung führte. Das sind die Themen, um die unsere Gespräche kreisen. St. Bees, unser Mikrokosmos für zwei Wochen, ist wie von einem Schutzschild gegen die Außenwelt umgeben.

MIT JEDEM TAG gehen wir routinierter ans Werk, steigt die Zahl der gefundenen Koalas pro Team, lernen wir ihre Eigenarten besser kennen und glauben allmählich, was Melzer am Anfang gesagt hat: dass jeder Koala eine Persönlichkeit besitzt. Vor allem aber wissen wir bald alles über die Eigenarten eines Koalaforschers und seiner Helferinnen. Wir können vorhersagen, dass Melzer um halb sechs den ersten Tee des Tages trinkt. Dass Sandy beim Frühstücken am lautesten klappert. Unser Rhythmus ist so gleichmäßig wie Ebbe und Flut, es herrscht Ferienlageratmosphäre: Lagerfeuer, Doppelstockbetten, Küchendienst. Mit dem Unterschied, dass niemand versucht, sich vor der Arbeit zu drücken. Im Gegenteil: An unserem freien Tag rutscht Sandy auf Knien durchs Haus, wischt die Böden und stellt unmissverständlich klar: „Heute habe ich Küchendienst!"

Auch Caroline aus Melbourne, die am dritten Tag per Helikopter evakuiert werden muss, nachdem ein morscher Ast samt Forschungsleiter auf sie gekracht ist, will nach 36 Stunden im Krankenhaus wieder auf die Insel. Mit einer grünen Bandage am linken Arm, angebrochenem Handknochen, Bänderriss, Sehnenzerrung. „Wegen solcher Kleinigkeiten fliege ich doch nicht nach Hause", sagt sie und geht wieder mit auf Koalasuche.

Inspiration für
das Außergewöhnliche.
Reiben,
Riechen,
Reisen.
Studiosus

1000 Reisen und ein Ziel:
Intensiverleben
Studiosus-Reisen: Sehenswürdigkeiten, Kultur, Märkte, Strände und die Menschen. Fordern Sie jetzt kostenlos unsere aktuellen Kataloge an.
Per Telefon 00 800/24 01 24 01
(Gebührenfrei für D, A und CH)
Oder Internet www.studiosus.com
Studiosus

▶ AUSTRALIEN

Reisen für das gute Gewissen

Welchen seriösen Anbietern Sie sich anvertrauen können

Earthwatch Institute

Die wohl bekannteste **Freiwilligen-Organisation für Tier- und Naturschutz** wurde 1971 gegründet. Mit derzeit 140 Projekten ist Earthwatch in mehr als 50 Ländern vertreten. Die Idee: Wissenschaftler bewerben sich bei der unabhängigen Organisation, die Forschungsvorhaben auswählt und fördert. Lehrer und Studenten bewerben sich ebenfalls, um kostenlos an den Expeditionen teilnehmen zu können. Zahlende Freiwillige schließlich finanzieren die Projekte durch ihre Teilnahmegebühr, die bei den meist 14-tägigen Einsätzen zwischen 1100 und 3800 € (plus Kosten für die Anreise) liegt.

> Earthwatch Institute Europe *Oxford, Tel. 0044-1865/31 88 20, www.earthwatch.org/europe.* Auf ihrer Internetseite informiert die Organisation über alle geplanten Forschungsvorhaben – inklusive Tagesabläufen und Packlisten. 2008 stehen zehn neue **Expeditionen** an, die so unterschiedliche Ziele wie Ecuador oder die Pribilof-Inseln vor Alaska ansteuern. Interessenten sollten sich rechtzeitig anmelden, da beliebte Einsätze oft schon ein Jahr im Voraus ausgebucht sind. Freiwillige, die in ihrem Urlaub die Welt ein bisschen besser machen wollen, sind zwischen 16 und, nach Angaben von Earthwatch, „weit über 80 Jahre" alt. Spezielle Vorkenntnisse außer einer Grundsicherheit in englischer Sprache werden nicht erwartet. Die tägliche Arbeitszeit beträgt etwa acht Stunden; teilweise wird auch sehr früh morgens oder in der Nacht gearbeitet. Ein oder zwei freie Tage während des Aufenthalts sind eingeplant.

Weitere Veranstalter

Umweltbewusstsein liegt im Trend, was auch die Nachfrage nach den sogenannten Volunteering-Angeboten steigen lässt – und unseriöse Anbieter auf den Plan ruft. **Seriöse Anbieter** erkennen Sie daran, dass der überwiegende Teil des Reisepreises tatsächlich dem Projekt zugutekommt. Dies ist zum Beispiel der Fall bei:

> Bergwaldprojekt *Würzburg, Tel. 0931/452 62 61, info@bergwaldprojekt.de, www.bergwaldprojekt.de.* Meist einwöchige Waldarbeit unter Anleitung eines Försters, zum Beispiel im Harz, am Schliersee oder auf Amrum; auch in Österreich und der Schweiz. Die Teilnahme ist kostenlos, Spenden sind erwünscht.

> Biosphere Expeditions *Pliezhausen, Tel. 07127/98 02 42, deutschland@biosphere-expeditions.org, www.biosphere-expeditions.org.* 14-tägige Einsätze bei Forschungsprojekten, zum Beispiel Schneeleopardenbeobachten im Altai. Ab 1790 € (plus Anreise), zwei Drittel des Betrages gehen direkt an das Projekt.

> Coral Cay Conservation *London, Tel. 0044-20/76 20 14 11, info@coralcay.org, www.coralcay.org.* Gemeinnützige Organisation, deren Schwerpunkt auf dem Schutz von Korallenriffen liegt. Ein- bis zwölfwöchige Taucheinsätze, zum Beispiel bei einem Korallenschutzprojekt auf den Philippinen (Kosten pro Woche 520 bis 660 €).

> Ethical Volunteering Tel. 0044-77/20 46 17 16, *info@ethicalvolunteering.org, www.ethicalvolunteering.org.* Seit 1998 untersucht und bewertet die Engländerin Kate Simpson Programme, mit denen Freiwillige in Entwicklungsländer reisen können. Ihr „ethical volunteering guide" hilft Interessenten bei der Auswahl seriöser und passender Angebote.

> Frontier *London, Tel. 0044-20/76 13 24 22, info@frontier.ac.uk, www.frontier.ac.uk.* Die 1989 gegründete Organisation entsendet Freiwillige in mehrwöchige Naturschutzeinsätze rund um die Welt. Beispiel: ein Orang-Utan-Schutzprojekt in Indonesien (sieben Wochen, Kosten: etwa 3000 €, Flug exklusive).

> Year Out Group: Dachorganisation, deren Internetseite *www.yearoutgroup.org* einen hervorragenden Überblick über Freiwilligen-Einsätze weltweit bietet.

Bald schon sind wir süchtig nach den magischen Momenten, die alle Anstrengungen wettmachen. Wie jenem, in dem Koala Tea von seinem Baum herabklettert, auf Augenhöhe mit der Französin Caroline anhält, keinen Meter von ihrem Gesicht entfernt. Eine unendliche Minute lang starrt er sie an, dann macht er sich davon. Und die Französin behauptet erschüttert: „Der Koala hat mir in die Seele geblickt."

Wie merkwürdig ist es da, am Ende unserer Zeit auf der Insel tatsächlich noch einen Koala im Arm zu halten: Um dem Koalaweibchen Veronica einen defekten Peilsender abzunehmen, haben wir es eingefangen und in einen Jutesack gesteckt. In der Zwischenzeit halte ich das Junge, ein federleichtes Fellbündel mit winzigen Krallen, die es in meine Schultern gräbt. Schwer zu sagen, wer mehr zittert, der kleine Koala oder ich. Und wie eigenartig, hinterher kaum ausdrücken zu können, wie sich sein Fell angefühlt hat: seltsam hart.

Am letzten Abend auf der Insel präsentiert Melzer die Bilanz unserer Forschung auf seinem Laptop. Wir haben 53 Koalas gesehen, von denen 15 mit Peilsendern ausgestattet sind, haben drei Koalaskelette aufgesammelt, 116 Beobachtungsformulare ausgefüllt, 243 Bäume vermessen. Wie lange es nun dauert, die Ergebnisse auszuwerten? Melzer lacht: „Mindestens drei Jahre." Für den Forscher fängt die Arbeit an. Für uns geht etwas zu Ende, das ich länger als jeden Urlaub im Gedächtnis behalten werde. ■

Die Gelegenheit, einen Koala zu kraulen, bekamen der Fotograf **Matthieu Paley**, 34, und die Autorin **Juliane von Mittelstaedt**, 28, nur ein einziges, dafür aber umso eindrücklicheres Mal.

Das große Abenteuer-Rätsel

In der Eisfalle: Das Schiff, das den Namen »Ausdauer« trägt

TEXT → **TOM DAUER**

Er war eines der härtesten Abenteuer der Neuzeit: der Überlebenskampf des Polarforschers Sir Ernest Shackleton und seiner Mannschaft. Mit etwas Ausdauer können Sie unsere Fragen beantworten. Und mit etwas Glück eine Antarktis-Reise gewinnen

AM 8. AUGUST 1914 VERLASSEN SIR ERNEST SHACKLETON und die Besatzung des Holzschoners „Endurance" den Hafen von Plymouth. Ihr Ziel ist die Antarktis, oder wie Shackleton schreibt: „Gefühlsmäßig betrachtet, ist es die letzte große Polarreise, die man machen kann, die größte und aufsehenerregendste von allen – die Durchquerung des Kontinents." Tatsächlich brechen Shackleton und seine Begleiter zu einer Reise auf, die zu einem der größten Abenteuer der Entdeckungsgeschichte werden sollte.

Sir Ernest Shackleton hat auf früheren Antarktis-Expeditionen Erfahrung gesammelt. So begleitete er bereits 1902 – knapp zehn Jahre, bevor der Norweger Roald Amundsen den Südpol erreichte – eine Expedition, die zum südlichsten Punkt der Erde vordringen wollte.

1) Unter wessen Leitung fand diese Expedition statt?

→ Notieren Sie den ersten Buchstaben des Nachnamens

1907 erhielt Shackleton selbst das Kommando über eine Südpol-Expedition. Ungeachtet aller Warnungen, vertraute er bei seinem Versuch, vom Ross-Schelfeis ins Innere des Kontinents zu gelangen, auf Ponys statt auf Schlittenhunde. Die Pferde überlebten das Abenteuer nicht, Shackleton und seine Männer nur mit knapper Not. Immerhin aber waren sie bis auf 100 Meilen zum Südpol vorgedrungen.

2) Shackletons Schiff war nach einem in der Bibel erwähnten großen Jäger benannt.

→ Notieren Sie den fünften Buchstaben

Als Shackleton erneut in die Antarktis aufbricht, weiß er nicht, dass sein Schiff die Eigenschaft im Namen trägt, die er in den kommenden Monaten am dringendsten benötigen wird: „Endurance" bedeutet Ausdauer.

3) Der Name geht auf das Familienmotto der Shackletons zurück.

→ Notieren Sie den siebten Buchstaben des ersten Wortes

Nach vier Monaten Fahrt erreicht die Besatzung der „Endurance" am 7. Dezember 1914 die Packeisgrenze. Am 18. Januar 1915 muss Shackleton feststellen, dass sein Schiff vom Eis eingeschlossen ist und mit der im Weddellmeer vorherrschenden Strömung vom antarktischen Kontinent weggetrieben wird. Sein Vorhaben ist zum Scheitern verurteilt.

4) Wie lautet der offizielle Titel seiner Expedition?

→ Notieren Sie den ersten Buchstaben des zweiten Wortes

Schon bald hat der Schiffszimmermann Henry McNish alle Hände voll zu tun, um die vom Eisdruck beschädigte „Endurance" instand zu halten.

5) Wie lautete McNishs Spitzname.

→ Notieren Sie den zweiten Buchstaben

Am 27. Oktober schließlich zerbricht das Schiff, am 21. November sinkt es. Die Bilder, die Expeditionsfotograf Frank Hurley macht, geben eindrucksvoll Zeugnis von der wilden Einsamkeit, der sich die Besatzung ausgesetzt sieht.

6) Hurley hatte 1911 bereits an der Forschungsreise eines australischen Polarfahrers teilgenommen.

→ Notieren Sie den vierten Buchstaben des Vornamens

Am 9. April 1916, gegen Ende des antarktischen Sommers, ist das Eis so weit geschmolzen, dass Shackleton und seine Männer in ihre drei geretteten Beiboote steigen müssen. Durch stürmische See, von Hunger, Durst und Erfrierungen gepeinigt, gelingt es ihnen, eine Insel in der Süd-Shetland-Gruppe zu erreichen. Am 15. April haben sie Land unter den Füßen – zum ersten Mal nach 497 Tagen auf See.

7) Wie heißt die Insel?

→ Notieren Sie den ersten Buchstaben ihres Namens

Zu diesem Zeitpunkt ungewiss ist das Schicksal eines zweiten Schiffes, das Shackleton auf die andere Seite der Antarktis geschickt hatte, um dort ein Vorratslager für seine geplante Durchquerung des Kontinents einzurichten.

8) Wie hieß dieses Schiff?

→ Notieren Sie den vierten Buchstaben

Shackletons ursprünglicher Plan war, von der Vahsel Bay über den Südpol zum Ross-Schelfeis zu gelangen, um sich dort abholen zu lassen.

9) Die Strecke von knapp 2500 Kilometern wurde 1989 von Arved Fuchs zurückgelegt.

→ Notieren Sie den ersten Buchstaben des Vornamens seines Begleiters

Stattdessen muss er jetzt versuchen, mit dem Beiboot „James Caird" und fünf Begleitern zu einer rund 1300 Kilometer entfernten Walfangstation zu segeln. Das für unmöglich gehaltene Vorhaben gelingt, am 10. Mai 1916 landen die Männer.

10) Ihr Camp benannten sie nach einer Familie aus Charles Dickens Roman „David Copperfield".

→ Notieren Sie den ersten von zwei doppelt vorkommenden Buchstaben

Es dauert noch bis zum 30. August, bis Shackleton seine zurückgelassenen Begleiter retten kann – dann bringt er die komplette Besatzung der „Endurance" nach Großbritannien zurück.

11) Wie hieß der Vertraute Shackletons, der bei der Mannschaft geblieben war?

→ Notieren Sie den zweiten Buchstaben des Nachnamens

Trotz der erlittenen Qualen zieht es Shackleton 1921 wieder in die Antarktis. Aber obwohl erst 47 Jahre alt, ist seine Gesundheit ruiniert. Shackleton stirbt am 5. Januar 1922 auf der Insel, auf der er sechs Jahre zuvor Rettung fand.

12) Als James Cook 1775 dort gelandet war, glaubte er zunächst, den antarktischen Kontinent gefunden zu haben. Enttäuscht über sein Fehlurteil, benannte er die Südspitze der Insel.

→ Notieren Sie den vierten Buchstaben des zweiten Wortes

LÖSUNG:

1	2	3	4	5	6	7	8	9	10	11	12

SO KÖNNEN SIE GEWINNEN

EINFACH HABEN WIR ES IHNEN NICHT GEMACHT. Um unser Rätsel lösen zu können, müssen Sie mithilfe von Nachschlagewerken oder per Internet die eisigen Abenteuer des Antarktis-Pioniers Sir Ernest Shackleton nacherleben. Aber nur Mut, auch Shackletons Geschichte hatte ein gutes Ende: Der Expeditionsleiter konnte seine komplette Crew retten – zehn strapaziöse Monate nach dem Schiffbruch im zur Eiswüste erstarrten Weddellmeer. Wenn auch Sie den Durchbruch schaffen: Schreiben Sie die gefragten Buchstaben in der vorgegebenen Reihenfolge auf eine Postkarte und senden Sie diese an

Redaktion GEO Special
Stichwort: Abenteuer-Rätsel
20444 Hamburg
Oder nehmen Sie online teil:
www.geo-special.de/abenteuer

Unter allen Einsendern der richtigen Lösung werden die Gewinne verlost. Einsendeschluss ist der 31. März 2008. Die richtige Antwort veröffentlichen wir im GEO Special „Deutsche Nordsee", das am 2. April erscheint; sowie zeitgleich online unter www.geo-special.de. Bitte geben Sie Ihre Adresse und Telefonnummer an, damit wir Sie im Falle eines Gewinns benachrichtigen können. Der Rechtsweg ist ausgeschlossen, Mitarbeiterinnen und Mitarbeiter des Verlagshauses Gruner + Jahr und deren Angehörige dürfen an dem Preisrätsel nicht teilnehmen.

1. Preis: eine Antarktis-Fahrt auf Shackletons Spuren

für zwei Personen im Wert von 16 996 Euro. Im argentinischen Mar del Plata gehen Sie an Bord der „MS Ushuaia". Für eine 17-tägige Reise zu den Schauplätzen des Dramas um Sir Ernest Shackleton – und zu den Pinguinen Südgeorgiens.

2. und 3. Preis: Kofferset von Bree

Aus robuster Plane können Ihre drei neuen Reisebegleiter sein, extrem belastbar und wasserabweisend: Boardcase, Schultertasche und Kulturtasche aus der Punch-Serie von Bree.

4.–10. Preis: Notebook von Moleskine

Mit diesem Preis gehören Sie zum Kreis von Abenteurern wie Bruce Chatwin, die Erlebnisse stets ihrem „Moleskine" anvertrauten. Die Notebooks gibt es auch mit Stadtplänen für die urbanen Dschungel von New York, Paris oder Berlin. ■

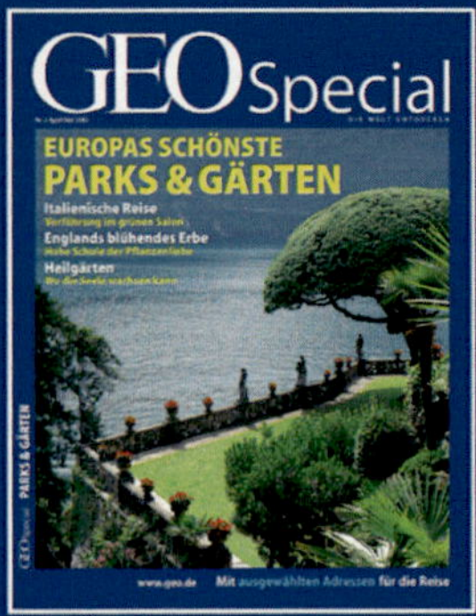

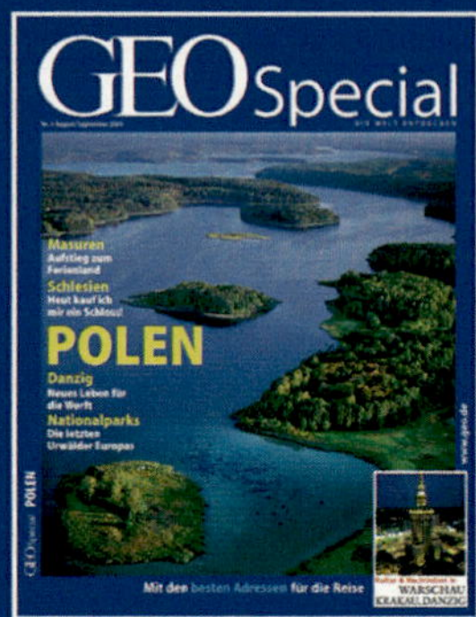

In 20 Ausgaben um die

www.geo.de

dossier

Hintergrundinformationen zum Thema: **DIE GROSSEN ABENTEUERREISEN**

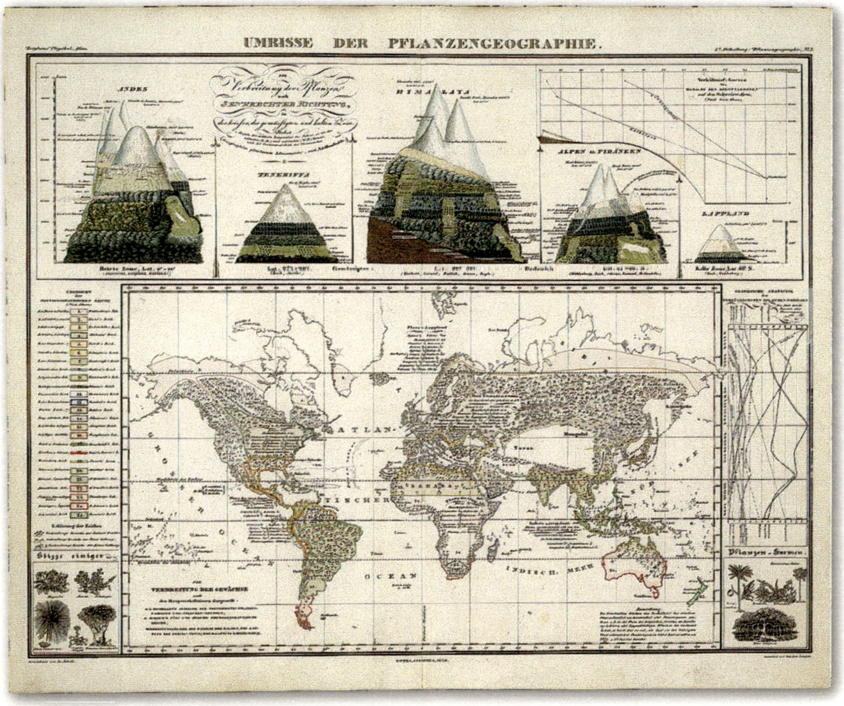

Ergebnis einer erfolgreichen Expedition: Alexander von Humboldts Amerika-Reise

SCHICKSALSJAHRE

VON DER DEMOKRATISIERUNG DES ABENTEUERS

Seit Jahrtausenden drängt es den Menschen ins Unbekannte. Verändert hat sich lediglich seine Motivation: Aus Notwendigkeit ist Erlebnishunger geworden

DIE GESCHICHTE DER ABENTEUERREISEN ist eine Geschichte mutiger, neugieriger und unabhängiger Persönlichkeiten. Gereist – gewandert – ist der Mensch von Anfang an, seit er sich in der afrikanischen Savanne auf seine zwei Beine aufrichtete; seine abenteuerliche Gesinnung war über Jahrhunderte hinweg aber zumeist wirtschaftlichen, politischen, gesellschaftlichen oder religiösen Notwendigkeiten geschuldet. Erst im 18. Jahrhundert begannen einzelne Männer und Frauen vermehrt, Reisen zum Selbstzweck zu unternehmen. In der Natur, in der Fremde wollten sie sich den Zwängen der modernen, bürgerlichen Gesellschaft entziehen. Denn stärker als die Angst vor dem Unbekannten war und ist für die Abenteurer der Neuzeit stets das Bedürfnis, den Horizont zu erweitern. Im wörtlichen wie im übertragenen Sinn.

***

Von Mai bis August **1782** reist der Schriftsteller und Philosoph Karl Philipp Moritz durch England: zu Fuß. Moritz – in ärmlichen Verhältnissen aufgewachsen, am Höhepunkt seiner Karriere zum Professor für Theorie der Schönen Künste ernannt – unternimmt damit eine der ersten dokumentierten Weitwanderungen der Neuzeit, gänzlich zweckfrei, ohne berufliche Notwendigkeit, ohne geschäftlichen Hintersinn. Bei seinen Zeitgenossen stößt er auf Befremden. In seinem Bericht „Reisen eines Deutschen in England im Jahre 1782" schreibt er: Ein Fußgänger „scheint ein Wundertier zu sein, das von jedermann, der ihm begegnet, angestaunt, bedauert, in Verdacht gehalten und geflohen wird". Moritz ist seiner Zeit eben voraus, wie auch sein Freund Johann Wolfgang von Goethe, der von sich selbst sagt: „Was ich nicht erlernt habe, das habe ich erwandert."

***

Zwischen **1799** und **1804** erkunden der vermögende Selfmade-Forscher Alexander von Humboldt und der französische Botaniker Aimé Bonpland Süd- und Mittelamerika. Ihre Reise wird eine der erfolgreichsten privat finanzierten Expeditionen aller Zeiten. Sie entdecken Tausende Pflanzenarten, machen physikalische, meteorologische, astronomische, biologische und geografische Beobachtungen. Sie erkunden den geheimnisvollen Casiquiare, jenen natürlichen Kanal, der Orinoco und Rio Negro verbindet, und sie gelangen am Chimborazo höher hinauf als je ein Mensch zuvor. Humboldts Physis ist sensationell, seine Neugier unersättlich. Um sein Wissen zu erweitern, nimmt er große Risiken in Kauf: Er setzt sich den Stromschlägen →

Die erste Touristengruppe erreicht die Zugspitze 1869, nur acht Jahre später bietet das »Münchner Haus« dort Obdach

von Zitteraalen aus, und er schluckt probeweise das Pfeilgift Curare – in der richtigen Annahme, dass dies nur tödlich ist, wenn es direkt ins Blut gelangt.

***

Am 23. August **1869** findet die erste organisierte Tour auf die Zugspitze statt. Um den höchsten Berg Deutschlands zu besteigen, haben sich 44 Touristen, vornehmlich aus München, zusammengeschlossen und einen Bergführer angeheuert. Das ist neu: Als Leutnant Josef Naus mit seinen drei Gefährten am 27. August 1820 den 2962 Meter hohen Gipfel als Erster besteigt, gilt das noch als verwegene Leistung. Kartograf Naus ist im Auftrag des „Topographischen Bureau" ins Werdenfelser Land gekommen, um dieses für den „Atlas von Bayern" (im Maßstab 1:50000) zu vermessen und aufzunehmen. Knapp 50 Jahre nach seinem Abenteuer hat die Zugspitze ihren Nimbus schon verloren: Der erste Gruppenausflug ist der Anfang ihrer touristischen Erschließung – die sich zunächst im gesamten Alpenbogen und dann in den Bergen der Welt fortsetzen wird.

***

Im November **1871** trifft Henry Morton Stanley, ein abenteuerlustiger Reporter des „New York Herald", am Ufer des Tanganjika-Sees auf den Forscher David Livingstone. Er begrüßt ihn mit einer Frage, die legendär werden sollte: „Dr. Livingstone, nehme ich an?" Livingstone verkörpert im viktorianischen England das Ideal des Reisenden, der Entdeckerlust mit missionarischem Eifer verbindet: Ab 1849 reist er ins Innere Afrikas. In seinen Berichten prangert er den Sklavenhandel an, er erforscht den Sambesi, entdeckt die Victoria-Fälle und erkundet große Gebiete des Kontinents als erster Europäer. 1868 reißen die Nachrichten ab. Livingstone scheint im Herzen des Kontinents verschollen zu sein – bis Stanley ihn findet. Der Afrika-Kenner, am Ende seiner Kräfte, schöpft durch das Treffen und die mitgebrachten Vorräte neue Zuversicht. Zusammen erkunden die Männer den Tanganjika-See – auf der Suche nach den Quellen des Nil. Stanley wird durch Livingstone selbst zum Forscher; drei Jahre später leitet er seine erste Expedition.

***

Am 5. August **1881** gelingt dem Engländer Albert Frederick Mummery die erste Besteigung der Aiguille du Grépon im französischen Mont-Blanc-Gebiet. Seine Route ist der Schlusspunkt einer Erschließungswelle, die 1865 mit der Erstbesteigung des Matterhorn ihren Höhepunkt hatte – und an der erstaunlich viele Briten beteiligt sind. Was nicht von ungefähr kommt: Mummerys Landsmann Leslie Stephen wählt für sein 1871 erschienenes Buch über die Alpen den Titel „The Playground of Europe". Die Bezeichnung drückt die Haltung der Pioniere aus, die gegen Ende des 19. Jahrhunderts von der Insel in die Berge kommen: Sie sehen das Bergsteigen, ebenso wie andere Abenteuersportarten, als spielerischen Gegenentwurf zu ihrem Alltag – und als Chance, ein Leben jenseits von Norm und Etikette zu führen.

Stanley (rechts) findet Livingstone

***

Am 14. Dezember **1911** erreicht der Norweger Roald Amundsen den Südpol – und beendet damit eine wichtige Phase der Entdeckungsgeschichte: den Vorstoß zu den Polen. Amundsen ist ein großer Abenteurer, und wie viele große Abenteurer von Ehrgeiz getrieben. Eigentlich hatte er vor, als erster Mensch den Nordpol zu erreichen. Als er aber erfährt, dass ihm Robert Edwin Peary 1909 zuvorgekommen sein will (siehe Seite 12) und Robert Falcon Scott bereits auf dem Weg zum Südpol ist, ändert er seine Pläne. Und er beweist, dass eine

Albert Frederick Mummery, einer der Alpenpioniere, klettert an der Aiguille du Grépon

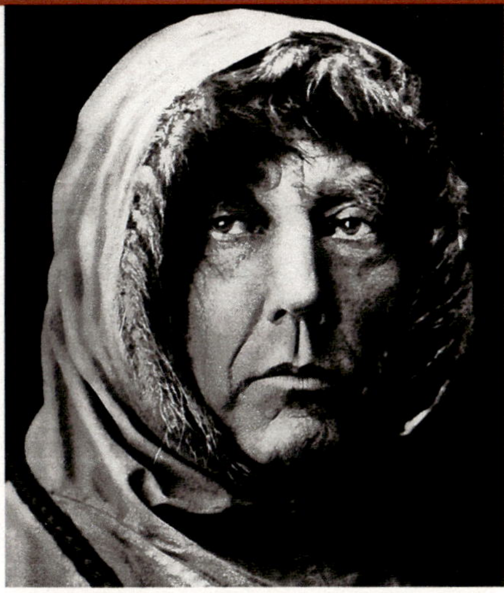

Roald Amundsen: als Erster am Südpol

akribische Vorbereitung sich für jedes Abenteuer auszahlt. Mit all seiner Erfahrung erledigt Amundsen den Marsch vom Basislager zum Südpol in weniger als zwei Monaten. Wohlbehalten kommt er aus der Eiswüste zurück. Anders Scott: Dessen Schicksal gehört zu den großen Dramen der Abenteuergeschichte – und ist ein Beispiel dafür, dass tragisch endende Reisen oftmals das Ergebnis von Fehlplanung sind. Scott und seine Begleiter erreichen den Südpol erst Mitte Januar, um dort die norwegische Flagge vorzufinden. Der Rückweg der geschwächten Männer zieht sich in die Länge. Keiner überlebt.

***

Am 1. Juni **1937** hebt Amelia Earhart mit ihrem Navigator Fred Noonan in Miami zur Weltumrundung ab. Über Brasilien, Afrika, Saudi-Arabien, Indien fliegen sie nach Neuguinea. Dort startet das Team am 2. Juli; die winzige Howland-Insel mitten im Pazifik, rund 3000 Kilometer entfernt, wird es nie erreichen. Schon mit 23 Jahren saß Earhart zum ersten Mal in einem Cockpit und wusste sofort: Das ist es! Sie lernte fliegen, kaufte ein Flugzeug und brannte darauf, sich an den großen Abenteuern zu beteiligen, welche vor allem die Luftfahrt den Pionieren dieser Zeit bot. 1928 wollte sie wie Charles Lindbergh den Atlantik überqueren; sie flog zunächst als Passagierin mit. 1932 bekam sie die Gelegenheit zum eigenen Atlantikflug. Ein Husarenritt: Der Höhenmesser versagte, stundenlang flog Earhart knapp an der Höhengrenze entlang, an der das Flugzeug vereisen und manövrierunfähig werden würde. Sie landete auf einer Wiese in Irland – und wurde weltberühmt. Als erster Mensch flog sie von Hawaii nach Kalifornien; als erste Frau wollte sie dann um die ganze Welt fliegen. Ihr Plan scheiterte. Amelia Earhart hat ihrem großen Traum, dem Flug um die Welt, ihr Leben geopfert.

***

Burton Holmes stirbt am 22. Juli **1958** in Hollywood. Es heißt, in seinen 88 Lebensjahren habe der Amerikaner mehr von dieser Welt gesehen als jeder andere Mensch vor oder nach ihm. Noch faszinierender als seine Reisen, die ihn zwischen 1892 und 1952 unter anderem nach Japan, Australien, Burma, Kambodscha, China, Kuba, Äthiopien, Korea, Peru, Siam, Tunesien und in viele europäische Länder bringen, sind Holmes Reiseberichte. Der Abenteurer ist einer der ersten Reisenden, der seine Kamera auch an entlegene Orte mitnimmt – um sein Publikum teilhaben zu lassen. Seine fotografische Ausbeute stellt Holmes zu „Travelogues" zusammen. Darin mischt er Lichtbilder und Filmaufnahmen zu durchkomponierten Vorträgen, mit denen er jahrzehntelang große Säle wie die New Yorker Carnegie Hall füllt.

***

Am 20. August **1980** erreicht Reinhold Messner den Gipfel des Mount Everest. Schon zum zweiten Mal. 1978 haben er und Peter Habeler den höchsten Punkt der Erde als Erste ohne Flaschensauerstoff bestiegen, ein historisches Ereignis. Doch ein ganz großer Rekord stand noch aus: die erste Solo-Besteigung des höchsten Berges der Erde. Messner ist ein Leistungsjunkie. Einzigartig ist seine Kombination aus körperlicher Kraft, Ausdauer und Reflexionsfähigkeit, die ihn zum Vorbild vieler neuzeitlicher Berufsabenteurer werden lässt. Sein Aufstieg im Alleingang gestaltet sich unerwartet schwierig. Messner muss auf die Nordflanke ausweichen. Bis er schließlich sein Ziel erreicht: „Am Gipfel sah ich nichts. Er steckte im Nebel. Keine göttliche Aussicht, keine Freude, kein Stolz. Nichts. Auch keine erhabenen Gedanken. Automatisch tat ich, was zu tun ich mir vorgenommen hatte: Fotos, Keuchen, Hinhocken, Rast mit geschlossenen Augen. Dann der Abstieg."

Amelia Earhart: Heldin nach Atlantikflug

Mike Horn: der Abenteurer-Prototyp von heute

***

2008 beginnt für Mike Horn ein neues Abenteuer: Der Südafrikaner plant, bis 2012 die Erde entlang der Grenzen des Urkontinents „Pangaea" zu umrunden, der vor 250 Millionen Jahren in unsere Erdteile zerfiel. Dabei will er 100 000 Kilometer zurücklegen, alle Kontinente und beide Pole berühren und sich stets aus eigener Kraft fortbewegen. Horn, der die Erde bereits entlang des Äquators und des Nördlichen Polarkreises umrundet hat – zu Fuß, mit dem Fahrrad, rudernd und segelnd –, ist der Prototyp des Profi-Abenteurers. Er muss seine Taten in Superlativen verpacken. Nur so erreicht er die mediale Aufmerksamkeit, die seine Sponsoren befriedigt, ihm einen Lebensunterhalt garantiert – und ihm neue Abenteuer ermöglicht. Damit sind diese endgültig zum Selbstzweck geworden. ■ *Martin Rasper*

Im Schweizer Saxetbach ertranken nach einem Gewitter 21 Abenteurer – kurz danach suchten die nächsten ihren Kick

RESTRISIKO

WENN AUS SPASS ERNST WIRD

Immer mehr Menschen überschreiten ihre eigenen Grenzen. Dass aber auch organisierte Abenteuer Gefahren bergen, blenden viele aus

WIR HATTEN ES vor der Abfahrt kontrolliert: Es gab keine Reisewarnung für die algerische Sahara", sagt Rainer Bracht. „Deshalb hat mich die Hetzkampagne hinterher so geärgert." Bei einer Motorradtour durch die Wüste war der Detmolder 2003 entführt und mit anderen Geiseln 177 Tage festgehalten worden. Die Verhandlungen über eine Freilassung waren diplomatisch aufwendig, und nach Rückkehr der Geiseln – eine Frau war ums Leben gekommen – ereiferten sich Kritiker. „Wegen des privaten Vergnügens einer Handvoll Abenteurern musste die Bundesregierung einen Sonderstab beschäftigen", schimpfte etwa ein Leserbriefschreiber in der „Süddeutschen Zeitung".

Solange alles gut geht, werden Abenteuerreisende und Extremsportler oft bewundert. Wenn etwas schiefläuft, ist es mit der gesellschaftlichen Akzeptanz schnell vorbei. Den Reiseveranstaltern werden dann Profitgier und Verantwortungslosigkeit vorgeworfen, dem einzelnen Abenteurer Geltungssucht, Leichtsinn und schlechte Vorbereitung unterstellt. „Der Glaube an die Machbarkeit der Dinge ist typisch für unsere moderne, überversicherte Gesellschaft. Das Abenteuer wird verniedlicht. Viele können nicht akzeptieren, dass solche Unternehmungen ergebnisoffen sind, dass in der Natur etwas passieren kann. Nach einem Unfall sind sie völlig erschüttert und überrascht", sagt Karl-Heinrich Bette, Extremsport-Experte und Professor für Sportsoziologie an der TU Darmstadt. Damit benennt er einen merkwürdigen Widerspruch – denn auch die Sehnsucht nach einem Ausbruch aus der Vollkasko-Gesellschaft steigt. Risikosportarten ziehen eine immer breitere Masse an. Bette spricht von einer „McDonaldisierung des Abenteuersports".

Egal ob im Himalaya oder in den Alpen: Die zahlenden Kunden erwarten Instant-Abenteuerspaß im Verbund mit Sorglosigkeit – und manche Veranstalter versprechen das nur zu gern. Umso größer war das Entsetzen, als 21 junge Abenteurer 1999 im Schweizer Saxetbach beim Canyoning starben; ein Gewitter hatte die Schlucht in eine tödliche Falle verwandelt. Großes Medienecho erregte auch ein Lawinenunfall im österreichischen Jamtal, bei dem im Winter 1999 neun Ski- und Schneeschuh-Wanderer umkamen. Die Alpenvereinstochter Summit Club hatte explizit mit „sicheren, sanften Anstiegen" für die Reise geworben. Auf dieses Versprechen berief sich eine Überlebende in ihrer Schadensersatzklage – und gewann.

Ralf Dujmovits, Leiter des Expeditionsveranstalters Amical alpin, versucht sich gegen ein derartiges Szenario durch Offenheit zu schützen. Bei jedem Vorbereitungstreffen betont er die Lebensgefahr, auf die sich die Teilnehmer schwieriger Bergtouren einlassen: „Ich sage explizit: ‚Ihr müsst euch klarmachen, dass ihr vielleicht nicht zurückkommt.'" Nach über 18 Jahren im Geschäft fühlt Dujmovits die wachsende Anspruchshaltung von Kunden, die zugleich oft ihr Können überschätzen. Zur Absicherung lässt sich Amical alpin deshalb mit Tourenberichten Erfahrung nachweisen. Im deutschen Recht, so Dujmovits, gebe es aber keine Klauseln, mit denen Veranstalter Schadensersatzforderungen ausschließen könnten.

Erst im Juli 2007 war eine Expeditionsgruppe von Amical alpin am pakistanischen Gasherbrum II von einer Lawine erfasst worden, zwei Teilnehmer starben. Dujmovits, der zu dieser Zeit selbst am K2 unterwegs war, musste über Satellitentelefon mit Rettungskräften verhandeln, die „teils sensationslüsterne" Presse zufriedenstellen und mit den verzweifelten Angehörigen sprechen – ihnen irgendwann klarmachen, dass keine Hoffnung mehr bestand, dass Bergungstrupps und Helikopterpiloten in den enormen Höhen nun ihrerseits ihr Leben riskierten. „Dass dann weiter insistiert und gedrängt wird, ohne Rücksicht auf neue mögliche Opfer – das bestürzt mich bei allem Verständnis schon", sagt Dujmovits.

Der Widerspruch aus Sicherheitsdenken und Lust am Nervenkitzel wird nicht aufzulösen sein. Nicht einmal tödliche Unfälle schrecken Abenteuerlustige ab – so war die Saxetschlucht nur Wochen nach dem Drama wieder gut besucht.

HUMANITÄRE HILFE

MISSION POSSIBLE

Abenteurer überhöhen ihre Taten gern mit einer Botschaft – nur in Ausnahmefällen mit Berechtigung

DIE HILFE KAM SPONTAN und ehrlich. Im Oktober 2005 hatte ein verheerendes Erdbeben Pakistan und die Kaschmirregion heimgesucht – wenige Tage später saßen Christian Walter und Jens Sommerfeldt im Flugzeug. Als Mitglieder des Alpinclubs Sachsen und der Bergwacht Sächsische Schweiz waren sie schon oft im Indus-Kohistan-Gebiet unterwegs gewesen. „Uns war klar, dass wir in unzugänglichen Gebirgsteilen leichter Erste Hilfe leisten können als etablierte Organisationen", sagt Walter. Tatsächlich waren die Bergsteiger rund um die stark zerstörte Stadt Besham zunächst die einzigen Helfer – und inzwischen baut der Alpinclub in „seinem" zerstörten Tal bereits die zweite Schule.

Viele Abenteurer verbinden ihre Reisen mit einer Mission. Der Polarwanderer Arved Fuchs etwa will mit Schülerwettbewerben und Jugendcamps auf

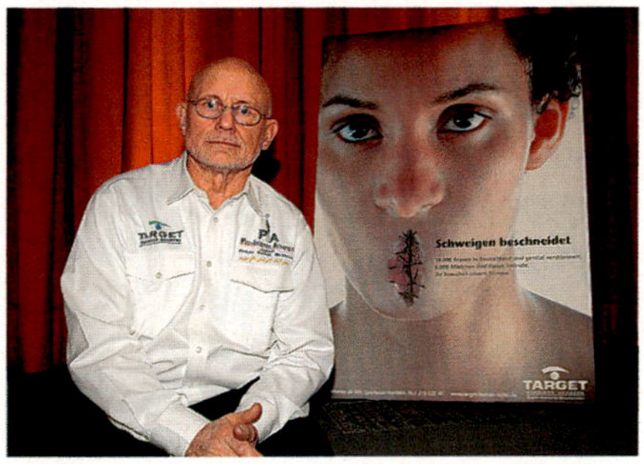

Rüdiger Nehberg: Abenteurer mit Mission

den Klimawandel aufmerksam machen. Die Extrembergsteigerin Barbara Hirschbichler hat die Himalaya-Karakorum-Hilfe gegründet; mit SurfAid engagieren sich Surfer auf indonesischen Inseln. Und Freizeit-Abenteurer stellen sich im Urlaub gern einem „Charity Challenge": Agenturen organisieren Kilimandscharo-Expeditionen oder Anden-Radtouren, Zuhausegebliebene sponsern dies, das Geld geht an Wohlfahrtsorganisationen – und jeder hat ein gutes Gefühl.

Sind diese Aktionen Feigenblätter, um die Befriedigung des Egos zu kaschieren? „Natürlich will man mit einer Mission seinem Leben – und seinen Reisen – eine höhere Dimension verleihen", sagt Profi-Abenteurer Rüdiger Nehberg. Der 72-Jährige kann aber auch konkrete Erfolge vorweisen, für die er mit dem Bundesverdienstkreuz belohnt wurde. Nach fast 20-jährigem Kampf erreichte er Frieden für die brasilianischen Yanomami-Indianer. Und mit seiner Organisation „Target" gelang es ihm 2006, eine Konferenz mit islamischen Gelehrten in Kairo zusammenzurufen, die Verstümmelung weiblicher Genitalien zur Sünde erklärte. Die Ächtung will Nehberg nun weltweit bekannt machen. Er findet, dass Abenteurer eine besondere Verantwortung haben. „Wir kommen in Gebiete, die anderen verschlossen bleiben – und erleben große Gastfreundschaft. Dass man etwas zurückgeben will, ist zutiefst menschlich, oder nicht?" ■ *Dela Kienle*

SICHERHEIT

LEBENSGEFAHR INKLUSIVE

Die Reisewarnungen des Auswärtigen Amtes schrecken nicht jeden ab. Besonders nicht Anbieter, die »wahre Abenteuer« im Programm haben

Besuch nicht empfohlen: der Dukan-See im Irak

URLAUB IM IRAK GEFÄLLIG? Die britische Agentur Hinterland Travel bietet Gruppenreisen dorthin – und laut Eigenwerbung „wahres Abenteuer". Für Afghanistan ist 2007 die Rucksackreise-Fibel „Lonely Planet" erschienen, und gleich mehrere Anbieter bringen Besucher dort in „jungfräuliche Gebiete". Das Außergewöhnliche lockt, trotz deutlicher Warnungen, die Behörden wie das deutsche Auswärtige Amt aussprechen. Dieses lässt keinen Zweifel, wohin Abenteuerlustige nicht reisen sollten. Damit die Reiseinformationen (siehe www.auswaertiges-amt.de) stets aktuell sind, arbeitet das Amt mit den Auslandsvertretungen, teils auch den deutschen Sicherheitsdiensten, zusammen. Das Risiko wird klassifiziert: „Sicherheitshinweise" etwa können von der Reise in bestimmte Gebiete eines Landes abraten. Am gefährlichsten sind Staaten, die mit einer „Reisewarnung" belegt sind. Dort herrschen meist Krieg, Bürgerkrieg oder bürgerkriegsähnliche Zustände, oft besteht auch ein hohes Risiko von Anschlägen und Entführungen. Irak und Afghanistan stehen seit Jahren auf dieser Liste. „Wir können nur informieren und niemanden von einer Reise abhalten", sagt ein Sprecher des Amtes. „Aber wenn Sie meine persönliche Meinung hören wollen: Die Welt ist doch groß genug, um eine aufregende Reise zu machen – ohne sich sehenden Auges einem Lebensrisiko auszusetzen."

Jason Lewis: Dem Briten gelang als Erstem eine Weltreise aus eigener Kraft

DEFINITIONSSACHE

RICHTIG REISEN

Eine »Weltreise« führt einmal um die Welt. Denkste! Sie muss auch ganz bestimmten Kriterien genügen

TRAVELLER können über die Frage, wie lange eine Reise dauern muss, um als „richtige" Weltreise zu gelten, stundenlang diskutieren. Als Faustregel gilt: Sechs Monate sind das absolute Minimum, aber eigentlich sollte es ein Jahr schon sein. Mindestens. Für den von echten Weltreisenden mit Verachtung gestraften „Quickie" (zum Beispiel einmal herum in zehn Tagen) hat sich ein Begriff eingebürgert, der auch für die Astronauten der Internationalen Raumstation passt: „Weltumrundung". AdventureStats.com, eine Initiative zur Erfassung aller möglichen statistischen Daten aus der Welt der Abenteuer, ist da schon präziser. Demnach muss eine Weltreise am selben Ort starten und enden, zwei Antipoden – diametral entgegengesetzte Orte auf der Erdoberfläche – berühren und eine Hauptrichtung haben. Daraus folgt, dass ein Weltreisender den Äquator entweder überqueren oder ihn entlangreisen und über 40 000 Kilometer zurücklegen muss. Der erste Mensch, dem dies gänzlich aus eigener Kraft gelang, ist Jason Lewis, 40. Für die erste vollständige „Human Powered Circumnavigation", während der er rund 74 840 Kilometer zurücklegte, benötigte der Brite 13 Jahre, 2 Monate und 24 Tage. ■ *Martin Rasper*

FORSCHUNG

DIE TRIEBFEDERN DER LEBENSLUST

Warum suchen Menschen Abenteuer? Eine knifflige Frage, auf die verschiedene Wissenschaftsdisziplinen Antwort zu geben versuchen

DIE ANTWORT DER BIOLOGIE

WER ABENTEUER ERLEBT, setzt sich dabei einem Stress aus – um Lustgewinn zu erreichen: In brenzligen, unbekannten Situationen überschwemmt die Nebenniere den Körper mit dem Hormon Adrenalin. Das Herz schlägt schneller, die Bronchien weiten sich, ein Gefühl der Energiegeladenheit durchzuckt den Abenteurer. Der wahre Kick entsteht allerdings erst in einem zweiten Schritt: wenn die Nebennieren Stresshormone wie Cortisol ausschütten, in deren Folge schließlich der Botenstoff Dopamin ausgestoßen wird – und dieser den Menschen in einen euphorischen Zustand versetzt. Ähnlich funktioniert übrigens auch der Mechanismus bei Heroin und Kokain, und auch einen Abenteurer kann er süchtig machen.

Wann genau allerdings diese Kick-Kaskade ausgelöst wird, ist offenbar eine Frage der genetischen Vorprägung: Manche Menschen stimuliert bereits ein spannender Film, den sie im Fernsehen sehen. Andere benötigen den wesentlich stärkeren Reiz gefährlicher Abenteuer, um Glücksgefühle zu erleben.

Für diese höchst unterschiedlichen Reizschwellen macht der Neurobiologe David McCobb vor allem einen bestimmten Zellmechanismus verantwortlich: Durch Nervenimpulse öffnen sich in Zellen des Nebennierenmarks Kanäle, die letztlich den Ausstoß des Adrenalins bewirken. Diese Kanäle gibt es in zwei verschiedenen sich durch eine genetische Modifikation unterscheidenen Arten: ZERO und STREX. STREX-Kanäle öffnen sich schneller und geben so auch schnel-

Sie ermöglichen ein wahres Feuerwerk: Synapsen im menschlichen Nervensystem

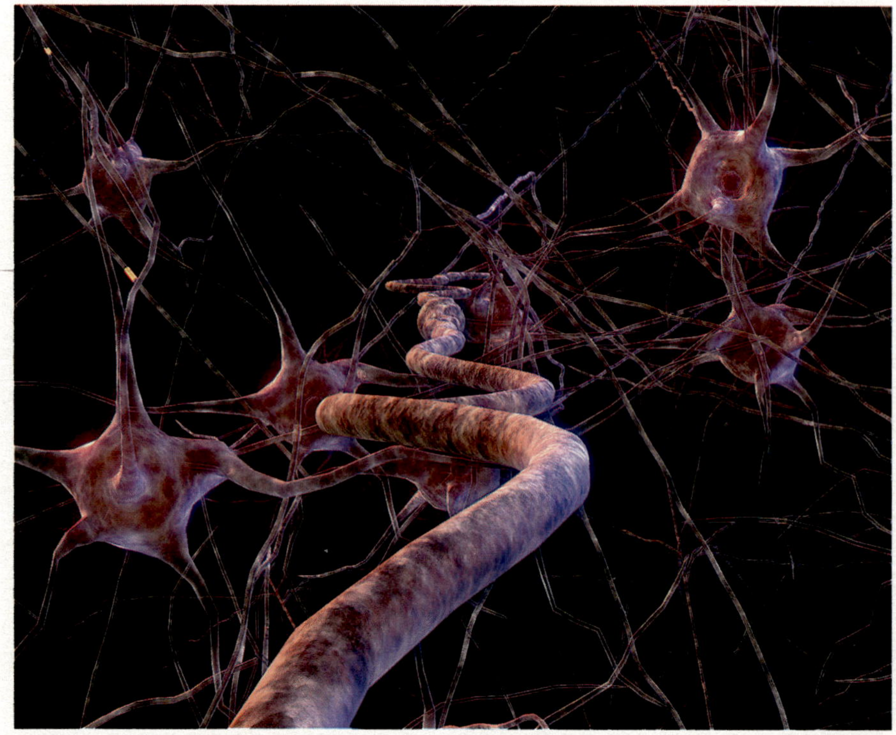

ler Adrenalin ab. Daraus folgt, dass STREX-Kanäle einen Adrenalinausstoß schon bei geringem Stress bewirken.

Ein Vergleich aus dem Tierreich macht das Phänomen anschaulich: Träge Kühe haben etwa 15 Prozent STREX-Kanäle, bei nervösen Ratten sind dagegen die Hälfte aller Kanäle vom STREX-Typ. Diese Verteilung ist nicht nur von Art zu Art verschieden, sondern auch von Individuum zu Individuum. Gleiches gilt für Menschen. Das individuelle STREX-Level, so McCobb, könnte dafür verantwortlich sein, wie groß der Reiz sein muss, der einen Adrenalinausstoß bewirkt. Je geringer der Level, desto mehr braucht ein Mensch den besonderen Kick.

Für den Wissenschaftler Alexander Strobel spielen zudem Dopamin-Rezeptoren eine Rolle. Sie regeln die Erregbarkeit der Nervenzellen und unterscheiden sich ebenfalls genetisch bedingt: Fünf Rezeptorvarianten sind bekannt. Strobel fand heraus, dass vor allem eine Modifikation an der D4-Version zu gesteigerter Abenteuerlust führen kann.

DIE ANTWORT DER PSYCHOLOGIE

DIE ZWEITE TRIEBFEDER der Abenteuerlust ist eine urmenschliche Eigenschaft: Neugier. Und der Mensch entdeckt während seiner Abenteuer nicht nur fremde Länder oder Situationen, sondern auch sich selbst. Sein Körper schwitzt, zittert, das Herz rast, immer wieder steht er vor wichtigen Entscheidungen: Gehe ich diesen oder jenen Weg? Soll ich es wirklich wagen? „Abenteuer sind eine Riesenmöglichkeit zum Lernen", sagt Sozialpsychologin Bettina Graf. Eine Möglichkeit auch zur „Wiederaneignung der Intuition", meint Graf. „Man ist dem Alltag entrissen, es gibt keine Routine, keine festen Verhaltensmuster. Man erlebt, wer man wirklich ist. Das ist eine fast meditative Erfahrung." Und mit jedem gemeisterten Wagnis wächst das Selbstwertgefühl. Abenteuer sind also etwas, das dem Menschen guttut. Sie sind die Jagd nach dem Gefühl, lebendig zu sein. Eine Erfahrung, für die manch einer sogar sein Leben riskiert.

Abenteuer als fast meditative Erfahrung

DIE ANTWORT DER SOZIOLOGIE

WAS EIN MENSCH UNTERNIMMT, was er unterlässt – das hängt auch von der Welt ab, in der er lebt. Der Sportsoziologe Karl-Heinrich Bette sieht im Lebensumfeld den eigentlichen Grund für den gegenwärtigen Boom des Abenteuers. In der überversicherten Moderne, argumentiert er, macht sich Langeweile breit: Menschen berühren im Arbeitsalltag keine Erde mehr, keinen Baum. Sie gehen in der Masse unter, fühlen sich wie Hamster im Laufrad – fremdbestimmt. „In dieser Klemme aus Sicherheit und Langeweile stecken wir alle", meint Bette. „Abenteuer bieten eine Gegenwelt zum Alltag. Bei ihnen wirken die Dinge eindeutig. Es geht um heiß oder kalt, um hungrig oder satt. Und Abenteuer bieten Situationen, in denen wir auch wirklich scheitern können." Der Abenteurer wagt es demnach, seine sichere Welt zu verlassen – anders zu sein. Für Bette ist Individualisierung innerhalb der Massengesellschaft der wichtigste Grund dafür, dass sich so viele Menschen in Abenteuer stürzen. Ein hoffnungsloses Unterfangen: Abenteurer, so Karl-Heinrich Bette, seien heute paradoxe Figuren, weil sie etwas Besonderes sein wollen und mit ihrem Ausbrechen doch nur den Erwartungen der Gesellschaft entsprechen. „Das ist wie Rock 'n' Roll. Die Protestler von einst spielen heute längst in den großen Hallen." ■ *Christian Sywottek*

OUTDOOR-BRANCHE

DAS GESCHÄFT MIT DEM NERVENKITZEL

Längst ist der Abenteuertourismus dem Nischendasein entwachsen. Besonders die Deutschen geben immer mehr Geld aus, um dem Alltag zu entfliehen

GLAUBT MAN der „23. Deutschen Tourismusanalyse" der Stiftung für Zukunftsfragen, einer 1979 gegründeten Einrichtung des Konzerns British American Tobacco, sind immerhin 28 Prozent der reisewilligen Bundesbürger an einer Abenteuerreise interessiert. Hinter dieser erstaunlich hohen Zahl verbirgt sich allerdings eine spezielle Auffassung des Begriffs „Abenteuer": Reisewillige verbinden ein Naturerlebnis mit ihm, nicht aber Entbehrungen und Quälerei. Das beobachten auch Reiseanbieter: Der Aktivurlaub soll zwar ein bisschen Nervenkitzel liefern, vor allem aber der Erholung dienen.

Wer seinen Jahresurlaub „aktiv" verbringen will, ist auch bereit, tief in die Tasche zu greifen: Drei- bis vierwöchige organisierte Fernreisen mit Abenteuerflair kosten häufig mehrere Tausend Euro. Ein Preis, der für viele Touristen durchaus akzeptabel zu sein scheint. So meldete der auf Wildnisreisen spezialisierte Anbieter Hauser exkursionen für 2007 ein Umsatzplus von 14 Prozent. Bei den Afrikareisen erreichte die Steigerung 20, bei den Asienreisen gar 25 Prozent. Eine ähnliche Entwicklung bilanziert der Summit Club des Deutschen Alpenvereins: 2007 seien mehrwöchige Fernreisen nach Nepal, Mittel- und Südamerika – keine unter 3000 Euro – vermehrt gebucht worden. Der Anbieter von Trekkingreisen, in dieser Sparte einer der weltweit führenden, erwartet für 2007 einen Umsatz von 14,7 Millionen Euro und damit ein Plus von sieben Prozent im Vergleich zu 2006. Solche Zahlen sind nicht zuletzt darauf zurückzuführen, dass die Spezialanbieter den Trend zum Luxusabenteuer rechtzeitig erkannt und ihr Programm entsprechend umgestellt haben. Wer heutzutage etwa durch Nepal tourt, kann in komfortablen „Lodges" übernachten – und allabendlich mit warmem Wasser duschen.

Dass der Abenteuersektor seinem Nischendasein in der Tourismusindustrie entwachsen ist, zeigt auch das Beispiel Studiosus. Der Marktführer im Bereich Studienreisen erreichte 2007 einen Umsatz von 220 Millionen Euro. Einer der Gründe: Geschäftsführer Peter-Mario Kubsch machte aus der Studiosus-Tochter Marco Polo, seit den 1950er-Jahren im Bereich Bildungsreisen aktiv, einen „Spezialisten für preiswerte Erlebnis- und Entdeckerreisen". Was ein Wagnis war, denn Marco Polo erlebte innerhalb von zwei Jahren einen Austausch der Kunden, die nun im Durchschnitt wesentlich jünger sind – aber das Angebot goutieren. Für 2008 hat Marco Polo 40 neue Reisen ins Programm genommen.

Vom Trend zum Abenteuerurlaub, wie „abenteuerlich" auch immer er tatsächlich ist, profitieren nicht allein die Reiseanbieter. Gesundheitsprophylaxe, Reiseführer, Kameraausrüstung, Bekleidung, Rucksäcke und der Handgelenkscomputer samt Höhenmessung, Kompass und GPS-Funktion: Für all diese Abenteuerutensilien geben unternehmungslustige Urlauber viel Geld aus. Die Deutschen, in den Tourismusanalysen seit Jahren als Reiseweltmeister ausgewiesen, führen auch hier die Statistik an. 2006 betrug der Gesamtumsatz des Outdoor-Bereichs in Deutschland 1,66 Milliarden Euro. Großbritannien kam auf 1,16, Frankreich auf 0,95 Milliarden Euro. Bei den Pro-Kopf-Ausgaben standen Europas Bestverdienende an der Spitze: Norweger, Schweden und Schweizer. Insgesamt betrug das Umsatzvolumen der europäischen Outdoor-Branche im Jahre 2006 fast 5,5 Milliarden Euro. Tendenz: steigend.

EINZELHANDEL

ERLEBNIS KAUFHAUS

Online-Shops machen auch Fachhändlern zu schaffen. Deren Verteidigungsstrategie: Es werde Abenteuer!

DAS THERMOMETER zeigt minus 20 Grad Celsius. Ein Mann liegt auf einer Isomatte, tief in Daunen vergraben. Sein Atem kondensiert, sein Gesicht ist rot vor Kälte. Er grübelt. Soll er den Schlafsack, den er seit Minuten in der Kältekammer der Kölner Globetrotter-Filiale testet, wirklich kaufen? Während er noch nachdenkt, spielen sich im gesamten Haus ähnliche Szenen ab: im gläsernen Klettertunnel, in dem sich Männer, Frauen und Kinder in Schuhen mit Reibungssohlen versuchen. Im Wasser des Tauch- und Kanuareals im Untergeschoss. In der Regenkammer samt Windmaschine, in der Funktionsjacken auf ihre Wasserdichte geprüft werden.

Mit dem Bau seiner Erlebniswelt in der Kölner Innenstadt, des größten Fachgeschäfts Europas, setzte Globetrotter

Globetrotter-Filiale in Köln: eine Erlebniswelt, in der sogar Kajakfahrten möglich sind

2006 ein Ausrufezeichen. In Zeiten, in denen bei Discountern wie Aldi und Tchibo Rucksäcke und Trekkingbekleidung zu Niedrigpreisen angeboten werden, besann sich das Management des Sporthauses auf traditionelle Stärken des Fachhandels: direkter Kundenkontakt und intensive Beratung.

Allerdings hat der Online-Verkauf auch vor der Outdoor-Branche nicht haltgemacht. „Multi-Channel-Retailing" nennt sich das: Markenartikler kooperieren mit großen Händlern wie Engelhorn in Mannheim oder Sport Conrad aus Penzberg bei München, verkaufen ihre Produkte aber nicht nur in realen Läden, sondern eben auch über deren Online-Shops. Doch ist dies ein Service, der bislang eher zögerlich angenommen wird; mehr als die Hälfte des Gesamtumsatzes im Outdoor-Markt wird noch immer über den Fachhandel erwirtschaftet.

Daran wird sich auch in Zukunft wenig ändern. Etablierte Händler wie der Münchner Bergsportausrüster Sport Schuster setzen weiterhin auf Kundenkontakt. Erst 2006 baute Schuster sein fünfstöckiges Verkaufshaus in der Münchner Innenstadt komplett um – statt in den Online-Verkauf zu investieren. Manager Rolf Baumgärtner erklärt: „Der Umbau sollte ein Bekenntnis zu unseren Wurzeln sein." Übersetzt heißt das etwas einst Selbstverständliches: Kunden können die Ware anfassen und ausprobieren. Den passenden Klettergurt zum Beispiel beim Einstieg in die hauseigene 25-Meter-Wand. ■ *Lutz Bormann*

Ausrüstungstest in der Regenkammer

TREND

HÖCHSTE KONZENTRATION

Der Mittelstand der Abenteuerbranche wird mittlerweile von internationalen Investoren geschluckt. Nur kleine Tüftler bleiben selbstständig

IM ERSTEN JAHR der „OutDoor"-Messe, erinnert sich Pressesprecher Wolfgang Köhle, „erhielt ich Anfragen wegen ‚dieser neuen Automesse'". Das ist vorbei: Die „OutDoor" in Friedrichshafen hat sich seit 1994 zur internationalen Leitmesse des Fachhandels entwickelt. 2007 zählte sie 731 Aussteller und fast 17 000 Fachbesucher aus 70 Ländern: neuer Rekord. Und ein guter Indikator dafür, wie rasant sich das Geschäft mit dem Abenteuer entwickelt.

»OutDoor«-Messe in Friedrichshafen: Nabelschau einer Branche mit Gipfelambitionen

Mittlerweile präsentieren sich auf der „OutDoor" börsennotierte Global Player wie Nike neben Tüftlern, die ihre Unikate in Serie bringen wollen. Das ist kein schlechter Gedanke: Der Amerikaner Yvon Chouinard etwa schmiedete in den 1950er-Jahren Kletterhaken aus Mähmessern. Seine Freunde kauften ihm die Haken ab, bereits 1970 war Chouinard Equipment der größte Hersteller für Kletterausrüstung in den USA. 1973 gründete der Selfmademan Patagonia. Inzwischen liegt der Jahresumsatz der Firma bei 240 Millionen US-Dollar.

Angesichts solcher Erfolgsgeschichten ist es kein Wunder, dass der Wachstumsmarkt Outdoor Investoren anlockt. So schluckte Italiens Schuhkonzern Tecnica den deutschen Schuhhersteller Lowa. Der Schreibwaren- und Kosmetikfabrikant Schwan-Stabilo übernahm den Rucksackproduzenten Deuter. Und seit die Finanzinvestoren Barclays Private Equity und Quadriga Capital zu gleichen Teilen bei Jack Wolfskin einstiegen, laufen die Werbespots des Unternehmens zur besten Sendezeit während der ARD-Sportschau.

„Heute sind viele mittelständische Firmen Übernahmekandidaten", sagt Rolf Schmid, Chef der Mammut Sports Group. „Wenn Unternehmen mit einem Jahresumsatz zwischen 30 bis 100 Millionen weiterhin in diesem Tempo geschluckt werden, bleiben nur noch ein paar Großkonzerne und die kleinen Kreativen übrig." Schmid macht es vor: Auf dem Messestand von Mammut wurden 2007 auch Raichle-Schuhe und Ajungilak-Schlafsäcke präsentiert.

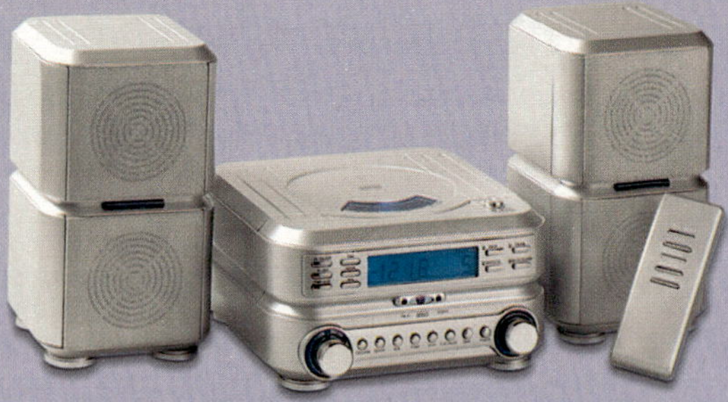

Rosenzweig & Schwarz, Hamburg

Denver Micro-Anlage

Klein, aber klangvoll! Mit CD-R-/-RW-Wiedergabe, UKW-Stereo- und MW-Radio, Weckfunktion wahlweise über CD, Radio oder Weckton sowie Fernbedienung. Gesamtleistung max. 40 Watt. Maße Anlage: ca. 19x19x10 cm, je Lautsprecher: ca. 12x12x20 cm.

Alle Prämien ohne Zuzahlung!

BestChoice Gutschein über € 30,–

Genießen Sie Ihr persönliches Shopping-Erlebnis bei über 20 starken Markenpartnern! Der Betrag ist zwischen den Partnern aufteilbar. Genauere Informationen erhalten Sie per Post.

Travelite Reiseset »Orlando«, 2-teilig

Das 2-teilige Reiseset überzeugt durch bequemes Handling. Trolley mit arretierbarem Alugestell, PVC-Bodenschutz und kugelgelagerten Vollgummi-Rollen. Zusätzlich erhalten Sie die passende Kulturtasche mit diversen Steckfächern. Trolley: ca. 70x35x34 cm, Kulturtasche: ca. 26x15x10 cm.

Sichern Sie sich jetzt Ihre Wunschprämie:

ein neuer Leser für GEO Special und eine Prämie für Sie!

GEO Special-Prämiencoupon

Ich bin der neue Leser:

Ich möchte GEO Special regelmäßig beziehen – für zzt. nur € 6,95 pro Heft statt € 8,– (D)/ zzt. € 8,10 statt € 9,– (A)/ zzt. Fr. 13.60 statt Fr. 15.80 (CH). Alle Preise inkl. Zustellung und MwSt.

Name

Vorname | Geburtsdatum 19

Straße/Nr.

PLZ | Wohnort

Telefonnummer | E-Mail-Adresse

☐ Ja, ich bin damit einverstanden, dass GEO Special und Gruner+Jahr mich künftig per Telefon oder E-Mail über interessante Angebote informieren.

Ich zahle bequem per Bankeinzug (D: jährlich € 41,70):

Kontonummer | BLZ

Geldinstitut

☐ Ich zahle per Rechnung, D: jährlich € 41,70

Widerrufsrecht: Die Bestellung kann ich innerhalb der folgenden zwei Wochen ohne Begründung beim GEO Special Kunden-Service, 20080 Hamburg, in Textform (z. B. Brief oder E-Mail) oder durch Rücksendung der Zeitschrift widerrufen. Zur Fristwahrung genügt die rechtzeitige Absendung.

X

Datum | Unterschrift

Ich bin der Empfehler:

Senden Sie die unten angekreuzte Prämie meiner Wahl als Dankeschön für meine Empfehlung an nachfolgende Adresse:

Name

Vorname | Geburtsdatum 19

Straße/Nr.

PLZ | Wohnort

Telefonnummer | E-Mail-Adresse

☐ Ja, ich bin damit einverstanden, dass GEO Special und Gruner+Jahr mich künftig per Telefon oder E-Mail über interessante Angebote informieren.

Als Prämie wähle ich:

☐ Travelite Reiseset »Orlando«, ohne Zuzahlung
☐ Denver Micro-Anlage, ohne Zuzahlung
☐ BestChoice Gutschein über € 30,–

Die Lieferung erfolgt frei Haus. GEO Special wurde in den letzten 6 Monaten an diese Adresse nicht im Abonnement geliefert. Der neue Leser und der Werber gehören nicht demselben Haushalt an. Das Abonnement gilt für 1 Jahr und ist danach jederzeit kündbar. Die Zusendung der Prämie erfolgt nach Zahlungseingang. Lieferzeit danach etwa 4 Wochen. Dieses Angebot gilt nur in Deutschland und nur solange der Vorrat reicht.

Bestell-Nr. **570008**

Vorteile für den neuen Leser:

- 13 % Ersparnis!
- Lieferung bequem frei Haus!
- Nach 6 Ausgaben jederzeit kündbar!
- Geld-zurück-Garantie für zu viel bezahlte Hefte!

Vorteile für den Empfehler:

- Sie erhalten eine Prämie Ihrer Wahl.
- Ihre Prämie wird Ihnen frei Haus geliefert!
- Jeder kann empfehlen, Sie selbst brauchen nicht Abonnent zu sein.

Abonnenten-Service Österreich
Tel.: 0820/00 10 85
Geo-Special@abo-service.at

Leser-Service Schweiz
Tel.: 041/329 22 20
Geo-Special@leserservice.ch

Bitte Bestellnummer aus dem Prämiencoupon angeben.

*14 Cent/Min. aus dem deutschen Festnetz, Mobilfunkpreise können abweichen.

Prämiencoupon einsenden an: GEO Special, Kunden-Service, 20080 Hamburg

Oder anrufen unter: 01805/861 80 00*

Einfach per E-Mail: GeoSpecial-Service@guj.de

Verlag: Gruner+Jahr AG & Co KG, Dr. Gerd Brüne, Am Baumwall 11, 20459 Hamburg. AG Hamburg. HRA 102257.
Vertrieb: DPV Deutscher Pressevertrieb GmbH, Dr. Olaf Conrad, Düsternstr. 1, 20355 Hamburg. AG Hamburg. HRB 95 752.

service

Die wichtigsten Tipps und Adressen: ABENTEUERREISEN

MIT SICHERHEIT ABENTEUERLICH

Abenteuer, so ein Sprichwort, sind das Ergebnis schlechter Planung. Diese Art Abenteuer meinen wir natürlich nicht und bieten deshalb: Starthilfen für eine gute Vorbereitung

ORIENTIERUNG

Die Vorteile einer organisierten Abenteuerreise liegen auf der Hand. Man bucht, reist an, wandert, radelt, steigt oder paddelt los. Und braucht sich sonst um nichts zu kümmern. Der Nachteil: Wer so vorgeht, kann die Aufwärmphase nicht genießen: das kleine vor dem großen Abenteuer.

PLANUNG

Am Anfang jeder Abenteuerreise steht eine scheinbar banale Frage: **Wie viel Zeit habe ich?** Die Antwort darauf ist wesentlich. Sie entscheidet über das Reiseziel, die Reiseart, den Reisepartner. Überlegen Sie sich genau, wie lange Sie von zu Hause wegbleiben wollen. Länger ist nicht unbedingt besser. Viele Reisende nehmen Verpflichtungen auf sich, um ihr Abenteuer zu finanzieren. Sie schreiben Weblogs, geben Interviews, berichten für Zeitungen – um unterwegs festzustellen, dass sie sich wieder in eine Abhängigkeit begeben haben (siehe Website von Ramon Stoppelenburg, der ohne Geld um die Welt reiste: *www.letmestayforaday.com*). Wer seine erste Abenteuerreise plant, sollte mit eigenen Mitteln auskommen. Für die **Kalkulation des Budgets** dienen etwa die Hinweise unter *www.weltreise-machen.de* (siehe dort „Weltreise Planung", „Finanzen") als Orientierung. Erfahrungen anderer Reisender sind ebenfalls hilfreich. Fundgruben für Reiseberichte sind zum Beispiel die Plattform der Deutschen Zentrale für Globetrotter, *www.dzg.com*, und die Reisecommunity von GEO, *www.geo-reisecommunity.de* (siehe Seite 150).

LEKTÜRE

„Reisen ist Handwerk und kann nur gelernt werden, indem man es tut", sagt Norbert Lüdtke, Vorsitzender der Deutschen Zentrale für Globetrotter (DZG). Er empfiehlt, sich vor Reisebeginn bei erfahrenen Reisenden kundig zu machen, also beispielsweise die regelmäßigen Treffen der DZG zu besuchen. Darüber hinaus schadet es nicht, sich die folgenden Bücher genauer anzusehen:

Norbert Lüdtke: Das Selbstreise-Handbuch, Band 1: Fakten, Adressen und Tipps zur Vorbereitung jeder Reise (4. Aufl. 2005, 16,95 €), Band 2: Für unterwegs (2002, 12,95 €), Peter Meyer Verlag. Eine unerschöpfliche Quelle an praktischen Ratschlägen, Buchempfehlungen, Web-Tipps und Erfahrungsberichten. Unabhängig davon, wohin die Reise gehen soll: ein Muss zur Vorbereitung.
Armin Mildner: Extratouren. Verführung zum Langzeitreisen, Selbstverlag, Bezug über *amunterwegs@hotmail.com*, 18 €. Eine richtige Reise braucht vor allem Zeit, lautet das Credo des Globetrotters Armin Mildner. Vor dem Hintergrund seiner vielen Erfahrungen lesen sich Mildners Reflexionen kurzweilig und spannend.
Rolf Potts: Vagabonding. An uncommon Guide to the Art of Long-Term World Travel, Villard, 2002, ca. 10 €. Der Versuch, aus den Einzelerfahrungen vieler Globetrotter eine Philosophie des Reisens abzuleiten. Das Ergebnis: Man sollte nicht das Reisen seinem Lebensrhythmus, sondern sein Leben dem Reisen anpassen.
Willi Stegner (Hrsg.): Taschen-Atlas Völker und Sprachen, Klett, 2006, 8,95 €. Ein gelungenes Nachschlagewerk, das vor jeder Reise konsultiert werden sollte. Es liefert verständlich aufbereitete Informationen zu politischen, geografischen, ethnologischen, sprachlichen und religiösen Aspekten.

SPEZIAL-LITERATUR

Wer das Abenteuer sucht, ist meist in extremen Regionen unterwegs. Da ist es unerlässlich, sich mit Reiseführern und Spezial-Literatur einzudecken. Alles zum Thema Berge und Bergsteigen – auch Antiquarisches – bekommt →

Am Koppenkarstein im Dachsteinmassiv kommen sich Abenteurer Schritt für Schritt entgegen. Furcht sollten sie dabei nicht haben

FOREN, BLOGS UND COMMUNITYS

REISEPLANUNG: www.globetrotter.org Forum der Deutschen Zentrale für Globetrotter e. V.: wertvolle Tipps aus erster Hand.
www.geo-reisecommunity.de Mitmachen, entdecken, planen: die neue Informationsbörse von GEO (siehe Seite 150).
www.weltreiseforum.de Informatives und übersichtliches Portal von Praktikern für Praktiker.
www.reisespinne.de/Forum/index.php Optisch wenig ausgefeiltes, dafür inhaltlich fundiertes und gut betreutes Forum.
www.reiseberichte.com Reiseberichte aus aller Welt, präsentiert vom Ausrüster Globetrotter. Das Plus: Über eine Suchmaschine findet man Einträge nach Land, Fortbewegungsmittel oder Aktivität sortiert.
www.reisetagebuch24.de Berichte, Erfahrungen und Fotos anderer Reisender lassen sich für die eigene Reiseplanung nutzen, Mitglieder können online ein Reisetagebuch führen.
www.outdoorseiten.net Outdoorsport und Naturschutz sind vereinbar, das beweist der gemeinnützige Verein aus Tauberbischofsheim; lebhafte Foren, Testberichte, Ausrüstungsverleih.
AUSRÜSTUNG: www.outdoorchannel.de Portal für Mountainbiker, Kletterer, Kanuten, Camper und andere Outdoor-Fans, mit Produkttests, Ratgeberthemen, Tourenbeschreibungen und mehr.
www.trekking-ultraleicht.de Unabhängiges Forum, gewidmet einem auf das Minimum reduzierten Ausrüstungsgewicht.
RATGEBER: www.travelmed.de Impfungen, Reisekrankheiten, Erste-Hilfe-Maßnahmen und Vorsorge.
wwww.weltreise-info.de Sehr informative, private Seite mit allerhand praktischen Ideen von der ersten Planung bis zur Abreise.
BLOGS: www.weltreise-machen.de Erfahrungen und Erlebnisse von Sabine und Olaf, die sich den Weltreise-Traum erfüllt haben.
www.seezigeuner.de Täglich aktualisiertes Logbuch eines Segler-Paares, das seit Mai 2005 über die Weltmeere vagabundiert.
BERGSPORT, TREKKING & RAD: www.expeditionsbergsteigen.com Umfangreiches Portal und Forum für Bergsteiger, Kletterer, Skitourengeher, Mountainbiker und Kajakfahrer.
www.trekkingforum.com Tipps und Routen für weltweites Wandern, Reiseberichte, Mitglieder-Blogs, 3-D-Guides.
www.freiluft-blog.de Die zwei leidenschaftlichen Pfadfinder Sven Linckels und Aender Schroeder weisen den Weg in Sachen Wandern, Campen und anderen Aktivitäten im Freien.
www.trekking-portal.com Forum für Fernwanderer in aller Welt, das auch für Canyoning, Rafting und Radwandern offen ist.
www.rad-forum.de Informationen und Austausch in Foren für Fernradler und alle, die es werden wollen.
PADDELN & TAUCHEN: www.soulboater.de Ein privates Internetangebot für Kajakabenteurer; mit Flussführern, aktuellen Erfahrungsberichten und Foren rund um das Thema Ausrüstung.
www.kajak-channel.de Portal für Wildwasser-, Seekajak- und Faltbootpaddler, mit „Paddelweb"-Suchmaschine.
www.tauchsucht.de Forum für Unterwassersportler.
EXPEDITIONEN: www.discovery2010.net Portal von und für Expeditionsreisende; Fahrzeuge, Ausrüstung, Zubehör, Software für unterwegs und vieles mehr.
www.expeditionen.de Alles zur Vorbereitung der großen Reise, samt Angebot für ein Offroad-Fahrtraining in Deutschland.

Weitere Web-Tipps: www.geo-special.de/abenteuer

man etwa beim Frankfurter Buchversand ■ **Aree Greul** *Tel. 069/66618 17, www.mountain-bookshop.de*. Auch die Züricher Buchhandlung ■ **Piz Buch & Berg** *Tel. 0041-44/240 49 49, www.pizbube.ch*, bietet ein sehr gutes Sortiment. Klassische und digitale Landkarten, auch von Wüstenregionen, inklusive russischer Generalstabs- und amerikanischer Fliegerkarten, führt der Münchner Expeditionsausrüster ■ **Därr** *Tel. 089/28 20 32, www.daerr.de* bzw. *www.daerr.info*. Eine gute Auswahl an Literatur zu Wildwasserrevieren von Portugal bis Nepal bietet der Online-Shop ■ **Blue and White** *Tel. 08036/906 30, www.outdoor center.de*. Die umfangreichste Linksammlung zum Thema Tauchen gibt es unter ■ **www.taucher.net**, dort finden sich auch kommentierte Verzeichnisse von Tauchführern.

KARTEN

Übersichtskarten im Maßstab zwischen 1:200 000 (Regionen) und 1:1 000 000 (Länder) dienen der Reiseplanung. Detailkarten sollten einen wesentlich größeren Maßstab haben. Amtliche topografische Karten beruhen meist auf Maßstäben von 1:25 000 (Bergtouren im Hochgebirge, Mountainbiking) und 1:50 000 (Wanderungen auf Wegen, Radtouren). Weitere Kriterien zur Beurteilung einer Karte sind: **Format** – die Karte sollte in Schutzhüllen oder Sichtfenster passen und einfach zu falten sein; **Übersichtlichkeit** – Symbolik, Farbwahl und Schräglichtschummerung sollten das Relief des Geländes plastisch darstellen; **Geländewiedergabe** – eine gute Karte zeichnet sich durch präzise Führung der Höhenlinien aus. Darüber hinaus sollten Siedlungen, Pässe, Gipfel und weitere markante Punkte mit Höhenangaben versehen sein.

SICHERHEIT

Wer zu viel Wert auf Sicherheit legt, bleibt besser daheim: Gegen Diebstahl, Überfälle und staatliche Gewalt gibt es keinen absoluten Schutz. Umso einfacher ist der wichtigste Tipp: **Verhalten Sie sich möglichst unauffällig!** Dazu gehört: Entfernen Sie Aufkleber und Anhänger der Airlines sofort nach der Landung von Ihrem Reisegepäck. Achten Sie darauf, dass Sie möglichst nie in der Nacht an einem unbekannten Ort ankommen. Lassen Sie sich kein Taxi aufschwatzen, suchen Sie sich selbst eines. Teilen Sie es im Zweifelsfall mit anderen Reisenden. Verzichten Sie auf alles, was Sie als Tourist identifizierbar macht: Tagesrucksack, Fototasche, Armbanduhr, Schmuck. Sicherer als Brustbeutel oder Gürteltaschen ist ein Geldsäckchen, das innen an den Hosenbund genäht und mit einem Gummizug verschlossen wird. Für alle Fälle: Scannen Sie Ihre **Reisedokumente**; diese **Kopien** schicken Sie per E-Mail an Ihren Account, sodass Sie sie bei Bedarf in fast jedem Internetcafé ausdrucken können. Über weitere **Vorsichtsmaßnahmen** tauschen sich Traveller im Internet aus, etwa unter *www.weltreiseforum.de* (siehe dort „Vorsicht Falle – Schlechte Erfahrungen auf Reisen gemacht?"). **Artikel für die Sicherheit unterwegs,** etwa Schlösser, Abwehrsprays oder Alarmglocken, findet man im Online-Shop und in den Filialen von ■ **Globetrotter** *www.globetrotter.de*.

REISEVERSICHERUNG

Da der Versicherungsschutz gesetzlicher Krankenkassen im Ausland nur befristet gültig ist – und auch nur in Ländern, mit denen ein Sozialversicherungsabkommen besteht –, sollte man vor Reiseantritt eine private Auslandskrankenversicherung abschließen. **„Reisen ohne Risiko"**, eine gut aufbereitete Broschüre zum Thema, kann kostenlos beim ■ **Informationszentrum der deutschen Versicherer** *Tel. 0800/263 72 43, www.klipp-und-klar.de*, bestellt oder als PDF-Dokument heruntergeladen werden.

Abenteurer und Literaten

■ **Ilija Trojanow: Nomade auf vier Kontinenten**, Eichborn, 2007, 24,95 €;
■ **Ilija Trojanow: Der Weltensammler**, Hanser, 2006, 24,90 €. Sir Richard Francis Burton (1821–1890) war ein Ausnahme-Abenteurer: Der Engländer gelangte als einer der ersten Europäer nach Mekka und beherrschte an die 30 Sprachen. Ilija Trojanow ist ein Ausnahme-Autor: Er hat den Reise-Rebellen in dem Roman „Der Weltensammler" porträtiert – und dafür 2006 den Preis der Leipziger Buchmesse erhalten. Für seine Recherchen zu „Nomade auf vier Kontinenten" nahm er die Fährte Burtons erneut auf. Und tourte sieben Jahre über den Planeten.

■ **Jack London: Meistererzählungen**, Diogenes, 2002, 11,90 €;
■ **Herman Melville: Die Reisetagebücher**, Achilla Presse, 2001, 24 €. Herman Melvilles Erzählungen sind geprägt von den jahrelangen Erfahrungen, die er als Matrose machte. In seinen „Reisetagebüchern" nimmt er den Leser mit von New York nach London, ins Heilige Land oder rund um Kap Hoorn. Episoden, die erkennen lassen, wie viele der autobiografischen Notizen in Melvilles spätere Romane Eingang fanden. Nicht ganz so direkt zeigt sich die Verbindung zwischen Wirken und Werk bei Jack London. Man kann aber davon ausgehen, dass in seine „Meistererzählungen" viel Erlebtes einfloss.
■ **Mick Conefrey: Wie man bei Windstärke 10 stilvoll eine Tasse Tee trinkt. Das geheime Wissen der Abenteurer und Entdecker**, Malik, 2007, 16,90 €;
■ **Martin Amanshauser: Logbuch Welt. 52 Reiseziele für Profi-Traveller und chronische Daheimbleiber**, Brandstätter, 2007, 19,90 €. Mick Conefrey ist Brite und als solcher der Tradition verpflichtet, Grenzsituationen mit Humor zu begegnen. Statt also in gewichtigen Worten die Leiden der Entdecker des 19. und 20. Jahrhunderts zu beschreiben, geht er ganz praktischen Fragen nach. Etwa der, wie wohl Wasser in der Wüste zu finden ist – oder wie man einen Elefantenangriff überlebt. Dass auch Österreicher einen eigenen Blick auf die Welt der Abenteuer haben, beweist Martin Amanshauser, der auf vielen Reisen vor allem seinem eigenen, peinlichen Selbst begegnet. Sein „Logbuch Welt" wird damit zu einer Sammlung von Anekdoten, die das oftmals verklärte Abenteurertum augenzwinkernd entmystifizieren.

■ **Rüdiger Barth, Marc Bielefeld: Wilde Dichter. Die größten Abenteurer der Weltliteratur**, Malik, 2005, 19,90 €;
■ **Klaus Denart (Hrsg.): Fernsüchtig. Die größten Abenteuer – die besten Reisen**, Malik, 2006, 8 €. In beiden Buchtiteln hat der Superlativ seine Berechtigung. Das Autorenduo Barth/Bielefeld erzählt anhand der Viten von Herman Melville, Jack London, Ernest Hemingway oder des ominösen B. Traven, wie Schriftsteller zu Abenteurern und Abenteurer zu Schriftstellern wurden. Das ist in jedem einzelnen Fall packend. Klaus Denart, Gründer der Firma Globetrotter, vereint in seinem Buch dagegen Texte, die sich weniger durch literarische Qualität als durch Authentizität auszeichnen. Von der Seglerin Ellen MacArthur über den Bergsteiger Mark Twight bis zum Wüstenwanderer Bruno Baumann kommen Menschen zu Wort, die an Grenzen gegangen sind. Die Quintessenz beider Bücher: Das Abenteuer beginnt im Kopf.

■ **Bruce Chatwin: In Patagonien. Reise in ein fernes Land**, Rowohlt, 1990, 8,95 €;
■ **Ryszard Kapuściński: Meine Reisen mit Herodot**, Eichborn, 2005, 10 €. Unterschiedlicher können Reiseberichte kaum sein. Hier der Geschichtenerzähler Bruce Chatwin, der durch die Steppe wandert und aus seinen nicht immer wahrheitsgemäß, aber stets brillant geschilderten Begegnungen den Mythos Patagonien schafft. Dort der Reporter Ryszard Kapuściński, der Zeit seines Lebens aus Krisen- und Kriegsgebieten berichtete – und sich als Journalist der Wahrheit verpflichtet sah. Dabei schafft er es, die Weltsicht des Ur-Abenteurers Herodot mit seinen eigenen scharfsinnigen Beobachtungen zu verstricken. Zwei vollkommen verschiedene Ansätze also, die doch eines vereint: die nie versiegende Neugier, mit der Chatwin und Kapuściński die Welt beobachten.
■ **Joe Tasker, Peter Boardman: The Boardman Tasker Omnibus**, Mountaineers Books, 1995, 28,99 €;
■ **Maria Coffey: Extrem. Glück und Gefahr des Bergsteigens**, Piper, 2006, 8,95 €. Selten hat man in Berichten von Abenteurern so viel über das Innenleben der Protagonisten gelesen wie in den Erzählungen von Joe Tasker und Peter Boardman – ein literarisches Vergnügen. Nicht umsonst heißt eine der wichtigsten Auszeichnungen für Bergliteratur „Boardman Tasker Prize". Die beiden Freunde starben 1982 am Mount Everest. Taskers Lebensgefährtin Maria Coffey hat nach Jahren der Trauerarbeit ein Buch geschrieben, in dem sie die Kehrseite des Abenteuers darstellt: die Verzweiflung der Angehörigen, ihr Unverständnis, ihre Wut. Dabei geht Maria Coffeys Schilderung weit über ihre persönlichen Erlebnisse hinaus. Nach der Lektüre versteht man besser, warum manche Menschen vom Abenteuer fasziniert sind – und welche Gefahren diese Faszination birgt.

→

50 GROSSE ABENTEUERREISEN

»Einmal im Leben würde ich gern ...« Nach Patagonien? Zum heiligen Kailash? Zu den sibirischen Nomaden? Hier sind sie: Angebote für die »Einmal im Leben«-Reise

1 Alles in einem

Im August 2008 kommen über 80 Stämme Papua-Neuguineas zusammen, um, rituell bemalt und traditionell gekleidet, zu tanzen und Musik zu machen – bei einem der größten Feste indigener Völker weltweit: dem **Mount-Hagen-Fest**. Auch Touristen können dem „Sing-Sing" – so heißt das Fest auf Pidgin-Englisch – beiwohnen. Nicht nur während des Festes, auch während der Trekkingtouren lernt man die Lebensweisen und Weltsichten der einheimischen Stämme kennen. Mehrere Tageswanderungen führen durch das Gebiet der Chimbu, die erst 1933 in Kontakt mit der Außenwelt kamen. Während ihrer aufwendigen Tauschfeste wechseln Schweine, Federn, Muscheln und andere Waren nach zeremoniellen Vorgaben die Besitzer. Die Eindrücke kultureller Vielfalt werden bei Ausflügen in die Wildnis ergänzt: Eine Wanderung im Tagari-Tal etwa führt durch dichte Nebelwälder auf 1600 Meter Höhe. Trittfeste Bergsteiger können auch den Mount Wilhelm in Angriff nehmen. Vom Gipfel des mit 4509 Metern höchsten Berges Papua-Neuguineas blickt man weit über das Hochland bis auf den Pazifik hinaus.

PROFIL: mittel, mit Besteigung des Mount Wilhelm: **extrem**
Reise: „Höhepunkte Papua-Neuguineas", **Dauer:** 17 Tage,
Preis: 6190 € inklusive Flug
ANBIETER: ■ **Hauser exkursionen** *Tel. 089/235 00 60, www.hauser-exkursionen.de*

2 Abkühlung im Kruger-Nationalpark: Sprung in den Limpopo

HEISS – WÜSTEN UND WÄLDER AFRIKAS

2 CRASHKURS ÜBERLEBEN

„Unsere Studenten atmen den afrikanischen Busch." Welche andere Universität könnte das von sich behaupten? Seit 1993 bildet der Veranstalter EcoTraining Hobby-Abenteurer zu „Field Guides" aus. In 28-Tage-Kursen lernen diese, Spuren zu lesen, Pflanzen zu bestimmen, Wetterzeichen zu deuten – Wissen, das für ein Überleben in der Wildnis unerlässlich ist. EcoTraining betreibt verschiedene Camps in Südafrika. Das spektakulärste liegt im Nordosten des **Kruger-Nationalparks**, in einem Gebiet, das für Touristen normalerweise nicht zugänglich ist. Die dort einheimischen Makuleke wurden 1969 von der südafrikanischen Regierung vertrieben, erst 1998 erhielten sie ihr Land zurück. Heute achten sie selbst darauf, die Ursprünglichkeit ihrer Heimat zu erhalten – entsprechend sorgfältig werden die Gäste ausgebildet. Es soll schon Touristen gegeben haben, die nach dem Kurs eine neue Karriere einschlugen.

PROFIL: mittel
ANBIETER: ■ **EcoTraining** *Tel. 0027-13/745 77 77, www.ecotraining.co.za*; Reise: „EcoTraining Field Guide", Dauer: 28 Tage (kürzere Aufenthalte möglich), Preis: etwa 1900 € zuzügl. Flug

3 GNÄDIGER FLUSSGOTT

Wo die Victoria-Fälle 110 Meter in die Tiefe stürzen, hat sich der **Sambesi** eine tiefe Schlucht gegraben. 24 Kilometer lang, 18 Stromschnellen, fünf von sechs Graden auf der Schwierigkeitsskala für Wildwasser – und doch kann jeder eine Raftingtour auf dem viertlängsten Fluss Afrikas buchen. Aber Vorsicht: Das Boot kann kentern, und Krokodile gibt es auch. Bleibt zu hoffen, dass der Flussgott Nyaminyami Gnade walten lässt.

PROFIL: extrem
ANBIETER: verschiedene vor Ort, zum Beispiel ■ **Safari Par Excellence** *Tel. 0044-1548/83 13 51, www.safpar.com*; Reise: „Zambezi Whitewater", Dauer: 1 Tag, Preis: etwa 100 €

4 WÜSTENWANDERER

Beim Trekking durch die Dünenfelder des **Erg Ouarane** in der Sahara Mauretaniens müssen sich die Teilnehmer zwar nicht in der Wüste auskennen, aber fit sollten sie sein: Auf sie warten Tagesetappen von bis zu acht Stunden mit einem Rucksack, der um die 25 Kilogramm wiegt. Schließlich müssen die Wüstenwanderer ausreichend viel Wasser dabeihaben.

PROFIL: extrem
ANBIETER: ■ **Wüstenwandern** *Tel. 030/85 47 93 79, www.wuestenwandern.de*; Reise: „Dune-Challenger", Dauer: 15 Tage, Preis: 2350 € inkl. Flug ab Paris

5 UNTER PRIMATEN

Die Verhaltensforscherin Dian Fossey hat diese Reise erst möglich gemacht: Dank ihres Einsatzes überlebten die Gorillas im nordwestlichen Kongo und im **Volcanoes-Nationalpark** Ruandas – Regionen, die man bei einer Naturrundreise per Einbaum und zu Fuß besuchen kann.

PROFIL: mittel
ANBIETER: ■ **Diamir** *Tel. 0351/31 20 77, www.diamir.de*; Reise: „Von Flachlandgorillas zu Berggorillas und Schimpansen", Dauer: 22 Tage, Preis: ab 7850 € inkl. Flug

6 KAMELTREKKING

Quer über das libysche **Akakus-Gebirge** führt ein 15-tägiges Kameltrekking, bei dem man Dünen und Steinebenen sowie die engen Schluchten des Massivs überwindet. Unterwegs sind Felsbilder aus der Jungsteinzeit zu sehen.

PROFIL: mittel
ANBIETER: ■ **Desert Team** *Tel. 0041-31/318 48 78, www.desert-team.de*; Reise: „Kamelexpedition im Akakus", Dauer: 15 Tage, Preis: ab 2230 € inkl. Flug

7 BERGE ÄTHIOPIENS

Die **Bale Mountains** liegen im Südosten Äthiopiens, ihre Gipfel erreichen Höhen von über 3700 Metern, das Klima ist kühl, Flora und Fauna sind vielfältig. Wer hier wandert und reitet, unterstützt zugleich die Bemühungen der Einheimischen zur Wiederaufforstung.

PROFIL: leicht
ANBIETER: ■ **Trekking in Ethiopia** *Tel. 00251-22/666 00 36, www.baletrek.com*; Reise: „Bale Mountain Trekking", Preis: abhängig von Reisedauer und Service

❽ RADELN IN MADAGASKAR

Der weit gereiste Radler Michael Franke organisiert Radtouren auf Madagaskar. Wer mit ihm durch das zentrale Hochland, in den Regenwald und bis an den Indischen Ozean gelangen will, muss kein Spitzensportler sein.

PROFIL: leicht

ANBIETER: ■ **afrika-erleben** *Tel. 030/396 47 42, www.afrika-erleben.de;* Reise: „Madagaskar Fahrradtour", Dauer: 22 Tage, Preis: 1980 € inkl. Flug

GRENZENLOS – WILDNIS AMERIKA

❾ PATAGONIENS FJORDE

Diese Tour ist nur für erfahrene und abgehärtete Kanuten: Täglich sind bis zu sieben Stunden im Boot zu überstehen, bei ordentlich Gegenwind und durchschnittlich (durchschnittlich!) 1,50 Meter hohen Wellen. Auch eine hundertprozentige Regengarantie ist im Preis enthalten ... Die Kajaktour führt durch die patagonischen Fjorde und Kanäle in Chile. In seetüchtigen Booten paddelt die kleine Gruppe von Puerto Chacabuco bis zum San-Rafael-Gletscher. Der Gletscher ist Teil des **Nördlichen Patagonischen Inlandeises**, das hier ans Meeresufer stößt. Die Veranstalter verzichten bewusst auf ein Begleitboot, die Gruppe ist von Anfang bis Ende der zweiwöchigen Tour auf sich allein gestellt. Wo immer die felsige Küste es zulässt, wird in Zelten übernachtet. Die Strapazen macht die einsame und wilde Natur der patagonischen Fjorde wett.

PROFIL: extrem, aber auch einfachere Touren sind buchbar

ANBIETER: ■ **Yak Expediciones** *Tel. 0056-65/23 44 09, www.yak expediciones.cl;* Reise: „Self-supported Seakayak Exploration San Rafael Glacier", Dauer: 12 Tage, Preis: etwa 2135 €

❿ **Trekking in der Sierra Nevada: der John Muir Trail im Le Conte Canyon**

❿ IM WILDEN WESTEN

Der **John Muir Trail** in Kalifornien zählt zu den schönsten Fernwanderwegen weltweit. Er führt mitten durch die Bergwelt der Sierra Nevada und durch drei Nationalparks: Yosemite, Kings Canyon und Sequoia. Mountain Travel Sobek offeriert eine geführte Wanderung auf der südlichen Route: 235 anstrengende Kilometer vom Florence Lake, unter Mammutbäumen hindurch, über karge Gipfel bis auf den **Mount Whitney**. Mit 4418 Metern ist er der höchste Berg der USA außerhalb Alaskas.

PROFIL: mittel, Maultiere tragen das Gepäck

ANBIETER: ■ **Mountain Travel Sobek** *Tel. 001-510/594 60 00, www.mtsobek.com;* Reise: „Hiking the John Muir Trail – Southbound", Dauer: 17 Tage, Preis: etwa 3750 €

⓫ INSELN IN DER ZEIT

Die ganze Vielfalt Venezuelas auf einer Reise: Begleitet von einheimischen Trägern besteigen die Trekkingteilnehmer einen tief in der Gran Sabana liegenden Tafelberg, den **Auyan Tepui**. Dieses Abenteuer dauert eine Woche, täglich ist man sechs bis acht Stunden unterwegs, übernachtet wird in Hängematten oder unter Felsvorsprüngen. Nach einem Ruhetag folgt eine viertägige Flussexpedition mit Motorboot und Kajaks ins Orinokodelta, mitten hinein in die Tropen. Auf der Karibikinsel Los Testigos findet die Reise ihren Ausklang – in einem Zeltcamp direkt am Strand.

PROFIL: extrem

ANBIETER: ■ **Wigwam** *Tel. 08379/920 60, www.wigwam-tours.de;* Reise: „Auyan Tepui, Orinoko & Karibik", Dauer: 19 Tage, Preis: 2940 € inkl. Flug

⓬ RADFAHREN EXTREM

Ein spezielles Abenteuer für Radsportler ist die Mountainbike-Tour an den Flanken der peruanischen und bolivianischen Anden. In Peru startet man beim Megavalanche-Abfahrtsrennen, und bei La Paz wartet der ultimative Downhill: 3500 Höhenmeter hinab nach Yolosa. Adrenalin pur!

PROFIL: extrem

ANBIETER: ■ **a&e reiseteam** *Tel. 040/27 87 88 70, www.ae-reiseteam.de;* Reise: „Abenteuer Anden", Dauer: 21 Tage, Preis: 4695 € inkl. Flug

⓭ NATUR COSTA RICAS

Naturliebhaber wandern im unberührten Costa Rica, vom Gipfel des **Cerro de la Muerte** hinab durch tropischen Regenwald bis zu pazifischen Stränden und weiter zu Geysiren und aktiven Vulkanen.

PROFIL: mittel

ANBIETER: ■ **travel-to-nature** *Tel. 07634/505 50, www.travel tonature.de;* Reise: „Camino Verde – Wanderreise", Dauer: 15 Tage, Preis: ab 1439 €

⓮ ECUADOR HOCH DREI

Das perfekte Ecuador-Abenteuer, dreigeteilt: Wanderungen und Bootsfahrten durch den tropischen **Regenwald** des Tieflands, Trekking und Gipfelbesteigung in den Anden (höchster Gipfel: der **Cotopaxi** mit 5897 Metern), Kajaktouren und Tauchgänge inmitten der einzigartigen Tierwelt der **Galápagos**-Inseln.

⓮ **Bergsteigen in Ecuador: Abstieg vom Gipfel des Cotopaxi**

PROFIL: mittel

ANBIETER: ■ **Intertreck** *Tel. 0041-71/278 64 64, www.inter treck.com;* Reise: „Ecuador Trekking mit Galápagos einmal anders", Dauer: 26 Tage, Preis: etwa 5060 € inkl. Flug

⓯ ARGENTINIENS NORDEN

Ein Abenteuer für Individualisten: Bis zu 190 Kilometer auf Teer- und Schotterstraßen legt man täglich mit einem Mietwagen zurück, um den kolonial geprägten Nordwesten Argentiniens zu erkunden. Das Schöne daran: Die Hotels sind bereits gebucht, das Auto ist versichert. Nur fahren muss man noch selbst.

PROFIL: leicht

ANBIETER: ■ **Santana Travel** *Tel. 0881/414 52, www.santana* →

PROFIL DIE GEO-SPECIAL-SCHWIERIGKEITSBEWERTUNG

LEICHT: Diese Reise erfordert keine besondere körperliche Vorbereitung. Tagsüber und nachts ist eine Infrastruktur für alle Bedürfnisse vorhanden. Wanderungen oder Radtouren führen entlang guter Wege. Den Teilnehmern geht es eher um kulturelle denn um sportliche Aspekte. Schließlich ist dies Urlaub: Erholung steht im Vordergrund.

MITTEL: Eine gezielte konditionelle Vorbereitung ist notwendig. Vor körperlicher Anstrengung sollte man nicht zurückschrecken. Teilnehmer müssen bereit sein, auf Komfort und Hygiene zu verzichten und sich klimatischen Extremen anzupassen. Ruhetage zwischen den Aktivitäten sorgen für Entspannung. Eine Art Schnupperreise für Abenteuerlustige.

EXTREM: Wer an dieser Reise teilnimmt, muss fit sein – und in der Lage, große körperliche Belastungen auch über mehrere Tage hinweg zu ertragen. Die Nächte werden in Zelten oder unter freiem Himmel verbracht. Teilnehmer müssen auch psychisch stabil sein: um gefährliche Situationen aushalten zu können und die Gruppendynamik nicht zu stören. Ein echtes Abenteuer.

⓲ **Rentier-Reiten in Sibirien: Evenkische Hirten treiben ihre Herde**

travel.de; Reise: „Salta und der Nordwesten", Dauer: 8 Tage, Preis: pro Person etwa 800 € (HP und Auto)

HOCH – GEBIRGIGES ASIEN

⓰ TRANSHIMALAYA

Jetzt ist Kondition gefragt: 1100 Kilometer geht es mit dem Fahrrad von Lhasa durch das tibetische Hochland über das Mount-Everest-Basislager bis nach Kathmandu in Nepal. Drei Wochen fast durchgängig zwischen 3500 und 5000 Metern. Das Panorama ist majestätisch: Die schneebedeckten Sieben- und Achttausender des Himalaya liegen quasi direkt neben dem **Friendship Highway**. Während der dreitägigen Akklimatisierung in Lhasa bleibt Zeit, sich der tibetischen Kultur zu widmen. Auch unterwegs sind Abstecher zu buddhistischen Klöstern geplant: etwa zum Rongbuk-Kloster, das während der chinesischen Kulturrevolution größtenteils zerstört wurde und mittlerweile zum Teil wieder aufgebaut ist. Gegen Ende der Tour geht es steil bergab: 4000 Höhenmeter auf 150 Kilometern, hinunter in die subtropischen Täler Nepals – eine der längsten Abfahrten der Welt.

PROFIL: extrem
ANBIETER: ■ BergSpechte
Tel. 0043-732/779 31 10, www.bergspechte.at; Reise: „Lhasa – Kathmandu", Dauer: 25 Tage, Preis: 4490 € inkl. Flug

⓱ AM RANDE EUROPAS

Diese Skireise führt zu den Dreitausendern des **Großen Kaukasus** in der georgischen Region Gudauri. Nicht nur Gletscher werden hier überwunden, auch die geografische Grenze zwischen Europa und Asien wird überquert. Höhepunkt der Reise – neben langen Abfahrten in meist unberührtem Tiefschnee – ist die Besteigung des Kazbek (5047 m) mit Ski, Steigeisen und Eispickel. Leider klappt diese nicht immer im ersten Anlauf.

PROFIL: mittel
ANBIETER: ■ Achitours
Tel. 0761/383 68 50, www.achitours.de, Reise: „Skitour auf den Kazbek", Dauer: 12 Tage, Preis: 1900 € inkl. Flug

⓲ FROSTIGES LEBEN

Zu Besuch bei den Evenken in **Sibirien**: den Umgang mit Rentieren lernen, Eisfischen, mit dem Rentierschlitten über die Taiga jagen. Das alles bei bis zu minus 40 Grad Kälte. Übernachtet wird in einfachen Hütten oder im *tschoum*, dem traditionellen Zelt der Evenken. Die Anthropologin Evelyn Landerer, die selbst mehrere Monate bei evenkischen Familien lebte, leitet diese außergewöhnliche Reise.

PROFIL: mittel
ANBIETER: ■ Globotrek
Tel. 0041-31/313 00 10, www.globotrek.ch; Reise: „Winterexpedition in Sibirien", Dauer: 19 Tage, Preis: etwa 4850 € inkl. Flug ab Zürich

⓳ HEILIGER KAILASH

Bei dieser Trekkingreise bewegen Sie sich fast drei Wochen lang in Höhen über 4000 Metern. Der spannendste Teil der an Höhepunkten reichen Tour: eine Wanderung um den heiligen Berg Kailash (6714 m). Mit den Pilgern übernachtet man dabei auf 5050 Metern.

PROFIL: mittel, technisch leicht, gute Kondition Voraussetzung
ANBIETER: ■ DAV Summit Club
Tel. 089/64 24 00, www.dav-summit-club.de; Reise: „Kailash – heiligster Berg der Welt", Dauer: 27 Tage, Preis: 4890 € inkl. Flug

⓴ EIS-LAUFEN

Zum Laufen nach Sibirien reisen: zum **Siberian Ice Marathon**, einem der kältesten Halbmarathons weltweit. Der Startschuss fällt am russischen Weihnachtstag, dem 7. Januar. Die Strecke führt durch das historische Zentrum der Stadt Omsk und am Ufer des Irtysch entlang – eine Herausforderung für jede Lunge!

PROFIL: mittel
ANBIETER: ■ schulz aktiv reisen
Tel. 0351/26 62 55, www.schulz-aktiv-reisen.de; Reise: „Siberian Ice Marathon", Dauer: 12 Tage, Preis: 1750 € inkl. Flug

㉑ KLETTERN UND MEER

Das beste Kletterabenteuer in Thailand versprechen die bizarren Felsen auf der Halbinsel **Phra Nang** westlich von Krabi. Wee's Climbing School bietet hier Kurse für Einsteiger und Fortgeschrittene. Beim „Deep Water Soloing" an steilen Felswänden, die direkt aus dem Meer ragen, können sogar Anfänger ohne Seil klettern: Wer fällt, braucht nur die Luft anzuhalten.

PROFIL: leicht bis extrem
ANBIETER: ■ Wee's Climbing School *www.geocities.com/wee_rocks*; Preis: je nach Kurslänge und Aktivität

㉒ DURCH CHINA

Eine besondere Radtour als Teil einer dreiwöchigen **Chinareise** von Beijing nach Shanghai: Am Oberlauf des **Jangtsekiang** geht es flussaufwärts zu Siedlungen der Naxi-Minorität und zu buddhistischen Klöstern, übernachtet wird auch mal im Zelt.

PROFIL: leicht
ANBIETER: ■ China by Bike
Tel. 030/622 56 45, www.china-by-bike.de; Reise: „Die Oberen Schluchten des Yangzi", Dauer: 23 Tage, Preis: 2995 € inkl. Flug

㉓ LEBEN IM REGENWALD

Mit Stammesangehörigen der Penan auf Trampelpfaden im tropischen Regenwald **Borneos** unterwegs, erfahren die Teilnehmer der Wildnistour, wie es ist, als Sammler und Jäger ganz auf sich und seine Erfahrung angewiesen zu sein.

PROFIL: extrem
ANBIETER: ■ Wildniswissen
Tel. 0511/519 96 80, www.wildniswissen.de; Reise: „Borneo: Mit Waldnomaden durch den Regenwald", Dauer: 15 Tage, Preis: 1700 € ab/bis Bario, Sarawak

GANZ NAH – EUROPA EINMAL ANDERS

㉔ ABENTEUER ALLTAG

Schon der Weg zur Bushaltestelle kann zum Wagnis werden, wenn man sich den simplen **Parkour**-Regeln (*www.parkour.de*) unterwirft: Nimm deinen eigenen Weg, überwinde alle Hindernisse. Im

㉔ **Urbaner Hindernislauf: »Traceure« nehmen immer den kürzesten Weg**

EXTRA: FAMILIENABENTEUER

FLUSSPIRATEN

Mit Floß und Kanu durchs Värmland: eines der eindrucksvollsten Naturerlebnisse Schwedens. Drei Tage schippert man mit dem Kanu flussabwärts auf dem ruhigen Klarälven, anschließend weiter auf einem selbst gebauten Floß. Ein Floßbauer hilft dabei, aus Baumstämmen ein Zuhause für die nächsten Tage zu binden. Das hat Tradition auf dem Klarälven: Der Fluss wurde bis vor wenigen Jahren zum Flößen von Holz genutzt. Abends am Lagerfeuer gibt es Stockbrot und – sind Angler an Bord – selbst gefangenen Fisch. Übernachtet wird auf dem Floß oder in Zelten am Ufer und auf Inseln.

PROFIL: leicht

ANBIETER: ■ **Elch Adventure Tours** *Tel. 0351/422 62 62, www.elchtours.de*; Reise: „Kanu und Floß im Värmland“, Dauer: 15 Tage, Preis: 840 € für Erwachsene und 690 € für Kinder

WILDNISWISSEN

Dank einer Wildnisschule können Familien sechs Tage lang das Stadtleben gegen ein Leben in freier Natur tauschen, über offenem Feuer kochen, im Zelt schlafen und am Lagerfeuer sitzen. Tagsüber wird Überleben gelehrt, etwa Feuermachen, Fährtenlesen und Pflanzenbestimmung. Angeboten wird das Naturabenteuer in mehreren Bundesländern, auch als Wochenendkurs.

PROFIL: leicht

ANBIETER: ■ **Wildniswissen** *Tel. 0511/519 96 80, www.wildniswissen.de*; Reise: „Wildniswissen für Familien“, Dauer: 6 Tage, Preis: 400 € für Erwachsene, 150 € für Kinder

FÜR WASSERRATTEN

Ein Hotel braucht man hier nicht: übernachtet wird auf Deck. So ist das, wenn man auf einem Familienfloß über die Mecklenburger Seenplatte treibt. Auch die Route ist nicht festgelegt, man entscheidet von Tag zu Tag selbst, wohin die Fahrt gehen soll. Zum Schwimmen einfach über Bord springen! Wie das Floß zu steuern ist, lernt man bei einer kurzen Einweisung. Ein Sportbootführerschein ist nicht erforderlich.

PROFIL: leicht

ANBIETER: ■ **Nationalpark Tours** *Tel. 03991/67 00 84, www.nationalparktours.de*; Reise: „Erlebnis Familienfloß“, Charterpreis: für drei Tage 395 €, ein Tag kostet 148 €

ÜBERLEBEN IM RUHRGEBIET

Endlich ein veritables Abenteuer ohne Eltern: Kinder zwischen 10 und 14 Jahren können mit dem Deutschen Jugendherbergswerk Rheinland an einem Survival-Training zwischen den Fördertürmen alter Zechen teilnehmen, mit Kletterkursen und zwei Tagen abenteuerlicher Kanufahrt auf der Ruhr. Mama und Papa dürfen derweil am Badesee entspannen.

PROFIL: leicht

ANBIETER: ■ **Jugendherberge Essen** *Tel. 0201/49 11 63, www.essen.jugendherberge.de*; Reise: „Survival im Pott“, Dauer: 8 Tage, Preis: 274 € ohne Anreise

Prinzip von jedem zu machen. Aber Vorsicht: Man kann sich wehtun! Dem Risiko sind keine Grenzen gesetzt, von professionellen „Traceuren“ werden Gebäudefassaden erklettert und Hochhausschluchten übersprungen, möglichst schnell und mit fließenden Bewegungen. Wer es am Anfang weniger riskant mag, nimmt sich erst einmal die nächste Parkbank oder ein Treppengeländer vor und übt sich in Grundtechniken wie dem Präzisionssprung, dem Katzensprung oder dem Armsprung, bei dem man ein Objekt – etwa eine Mauer – anspringt, sich daran hängt und mit den Armen hochzieht. Dieses Alltagsabenteuer erfordert technisches Können und viel Muskelkraft, die nur durch regelmäßiges Training erworben werden. Wenn aber erst einmal die Parkbank genommen ist, ist das Hochhaus nicht mehr fern!

PROFIL: leicht bis extrem

ANBIETER: braucht es nicht; Region: überall, Dauer: nach Wunsch, Preis: 0 €

25 TAPETENWECHSEL

Lust auf Unvorhersehbares? Tauschen Sie Ihr heimisches Bett gegen ein Bett in Paris, →

Amsterdam, Rom oder Budapest. Die Agentur HomeLink vermittelt Tauschpartner in aller Welt – von der Luxusvilla mit Swimmingpool bis zur ganz normalen Etagenwohnung. Wer sich auf das Abenteuer **Wohnungstausch** einlässt, kann in mehr als 60 Ländern preiswert Urlaub machen. Und dabei auch noch wie ein Einheimischer leben.

PROFIL: leicht

ANBIETER: ■ **HomeLink** *Tel. 09503/50 30 37, www.homelink.de*; Reise: Haustausch, Dauer: nach Vereinbarung, Preis: 140 € Mitgliedsbeitrag im Jahr

26 GRENZENLOS SCHUFTEN

Etwas Neues schaffen: Junge Leute ab 16 Jahren können in gemeinnützigen Einrichtungen in Deutschland und im europäischen Ausland mit anpacken. Gearbeitet wird, wo immer eine helfende Hand nötig ist. Etwa wenn ein Begegnungszentrum renoviert oder eine denkmalgeschützte Kirche erhalten werden soll.

PROFIL: leicht

ANBIETER: ■ **Internationaler Bauorden** *Tel. 06241/379 00, www.bauorden.de*; Reise: „Baucamp", Dauer: unterschiedlich, Preis: 40 bis 80 € Gebühren, Reisekosten zusätzlich

27 AZORENHOCH

Auf der Suche nach dem Azorenhoch wandert man auf den Inseln Faial, São Jorge, São Miguel, Terceira und Pico – und steigt unter anderem auf den 2351 Meter hohen Vulkan Pico, den höchsten Berg Portugals.

PROFIL: leicht

ANBIETER: ■ **Drei Wünsche Wanderreisen** *Tel. 0911/207 87, www.trekkingreisen.de*; Reise: „Azoren – ausgezeichnet", Dauer: 15 Tage, Preis: ab 2190 € inkl. Flug

28 ÜBER DIE ALPEN

Trainierte Radler unternehmen eine Mountainbiketour entlang der Via Claudia quer über die Alpen. In kleiner Gruppe werden täglich rund 1000 Höhenmeter zurückgelegt. Der Start ist in Garmisch, das Ziel ist Riva.

PROFIL: mittel

ANBIETER: ■ **Alpinsportschule Bergfühlung** *Tel. 07071/25 26 10, www.bergfuehlung.de*; Reise: „Von Garmisch zum Gardasee", Dauer: 5 Tage, Preis: ab 595 €

29 REITEN AUF ISLAND

Auf Islandpferden über sattgrüne Wiesen, zu Gletschern, Geysiren, Wasserfällen und heißen Quellen auf dem historischen Kjölur Trail.

PROFIL: mittel

ANBIETER: ■ **Íshestar** *Tel. 00354-555/70 00, www.riding.is*; Reise: „Kjölur – Zwischen den Gletschern", Dauer: 9 Tage, Preis: 1896 € zuzügl. Anreise

30 WILDES SKIGEBIET

Im südlichen **Bulgarien**, auf dem Gebiet der Nationalparks Rila und Pirin, warten nach harten Aufstiegen täglich Abfahrten von bis zu 2000 Höhenmetern durch unberührtes Terrain!

PROFIL: mittel

ANBIETER: ■ **Kobler & Partner** *Tel. 0041-31/381 23 33, www.kobler-partner.ch*; Reise: „Rila & Pirin", Dauer: 8 Tage, Preis: ab 1640 €

29 Im Sattel durch Island: Reiter mit Pferd und Handpferd im Mælifellsdalur

WEIT WEG – OZEANIEN

31 NUR FÜR SATTELFESTE

Ein Reitabenteuer erster Klasse ist der zehntägige Pferdetreck auf dem Hurunui Trail nahe Christchurch auf **Neuseelands Südinsel**. Bei Tagesetappen von bis zu sieben Stunden geht es mit kräftigen Clydesdale-Pferden durch eine sehr ursprüngliche Naturlandschaft. Im Hintergrund immer zu sehen: die großartige Kulisse der neuseeländischen Alpen mit ihren steil abfallenden Felswänden, den schneebedeckten Gipfeln und dunkelgrünen Wäldern. Während des Ritts müssen mehrere Flüsse durchquert, steile Anstiege und schmale Grate bewältigt werden. Nach dem Absitzen am späten Nachmittag, etwa am Lake Shepherd oder am Ufer des Hurunui River, können die Teilnehmer bei einem Bad im kalten Wasser den Schweiß des Tages abwaschen. Geschlafen wird in Zelten, auf Schaffarmen und in Hütten. Eine Reise nur für erfahrene Reiter.

PROFIL: mittel

ANBIETER: ■ **Urlaubspferd** *Tel. 06151/89 56 38, www.urlaubspferd.de*; Reise: „Hurunui-Trail", Dauer: 10 Tage, Preis: 1585 € ab/bis Christchurch

32 IN KAJAKS UND KANUS

Diese Seekajakreise führt durch die tropischen Fjorde der vulkanischen Tufi-Halbinsel Papua-Neuguineas und entlang der palmengesäumten Küsten der Trobriand-Inseln. Dabei bleibt genügend Zeit, um mit Schnorchel und Taucherbrille die Korallenwelt unter Wasser kennenzulernen, vor Ort mit Einheimischen in Kontakt zu kommen und die traditionellen Auslegerkanus des Pazifiks zu testen.

PROFIL: leicht

ANBIETER: ■ **Mountain Travel Sobek** *Tel. 001-510/594 60 00, www.mtsobek.com*; Reise: „The Trobriand Islands & Papua New Guinea", Dauer: 17 Tage, Preis: etwa 2700 € ab Port Moresby

33 Einsam in Simpson Desert: Abenteuer, aber kein Urlaub

33 ALLEIN IN DER WÜSTE

Diese Wüstendurchquerung ist kein Urlaub, darauf weist der Veranstalter ungeschminkt hin: „Schon hinter der ersten Düne sind wir auf uns allein gestellt." Drei Wochen wandert die Gruppe mit Lastkamelen durch die südliche **Simpson Desert** in Australiens Northern Territory. Und drei Wochen lang wird sie keine anderen Menschen treffen. Ein harter, aber faszinierender Treck.

PROFIL: extrem

ANBIETER: ■ **Outback Camel Company** *Tel. 0061-7/38 50 76 00, www.cameltreks.com.au*; Reise: „Southern Simpson Desert Expedition", Dauer: 25 Tage ab Adelaide, Preis: etwa 3500 €

34 TASMANIEN

Die Insel Tasmanien bietet eine wundervolle Kulisse für Outdoor-Abenteuer. Bei einer 24-tägigen Trekkingreise lernt man die endemische Pflanzen- und Tierwelt intensiv kennen – und begegnet vielleicht auch dem Tasmanischen Teufel.

PROFIL: leicht

ANBIETER: ■ **Elch Adventure Tours** *Tel. 0351/422 62 62, www.elchtours.de*; Reise: „Tasmanien – Trekking- und Rundreise durch die Nationalparks", Dauer: 24 Tage, Preis: 2820 € inkl. Flug

35 ERNTEHELFER

Zur Mango-Ernte nach Australien? Während eines Arbeitsurlaubs können junge Menschen

Abenteuer der anderen Art erleben. JOB Australia unterstützt bei der Jobsuche – ob als Erntehelfer, in der Gastronomie, im Tourismus oder auf einer entlegenen Farm im Outback.
PROFIL: leicht
ANBIETER: ■ **JOB Australia** *Tel. 09003/36 78 37 (49 Cent/Minute), www.jobaustralia.net*

36 VULKAN-EXPEDITION

Zu den Vulkanen des Inselstaats Vanuatu im Südpazifik geht eine Expeditionsreise des Anbieters Vulkan Expeditionen International. Mehrtägige Wanderungen führen zu aktiven Feuerbergen und glühenden Lavaflüssen. Und wenn es spät geworden ist, übernachtet man einfach dort oben, am Kraterrand.
PROFIL: extrem
ANBIETER: ■ **Vulkan Expeditionen International** *Tel. 07131/62 89 96, www.v-e-i.de*; Reise: „Feuerinseln Vanuatus", Dauer: mindestens 24 Tage, Preis: 2490 € zuzügl. Anreise

34 Wandern in Tasmanien: Kiefernwald im Ben-Lomond-Nationalpark

KALT – ÜBERLEBEN AN DEN POLEN

37 EISBÄREN-GARANTIE

Der DAV Summit Club hat eine Wanderung nördlich des Polarkreises durch die Wildnis **Spitzbergens** konzipiert, auf 78 Grad nördlicher Breite. Die Gruppe überquert Gletscher, Bäche und Pässe und campiert unter der hellen Mitternachtssonne. Bei gutem Wetter locken Anstiege auf Berge wie den Sophus Liefjellet mit 960 Meter Höhe, die einen spektakulären Rundblick über das Inlandeis und die moosbewachsene Tundra ermöglichen. Eisbären gibt es auf der zu Norwegen gehörenden Inselgruppe etwa genauso viele wie Menschen. Mit etwas Glück bleiben die Tiere aber auf Distanz. Wenn nicht: Der polarerfahrene Tourenleiter hat ein Gewehr zur Hand. Das ist außerhalb der Ortschaften Pflicht.
PROFIL: extrem
ANBIETER: ■ **DAV Summit Club** *Tel. 089/64 24 00, www.dav-summit-club.de*; Reise: „Polartreck durch Europas größte Wildnis", Dauer: 18 Tage, Preis: 2950 € inkl. Flug

38 EISBERG VORAUS

Eisberge sind instabile Gebilde, die unvermittelt umkippen können. Zwischen ihnen hindurchzupaddeln ist ein Nervenkitzel, zum Beispiel vor **Ostgrönland**. Hier führen Tagesetappen von bis zu 22 Kilometern im Seekajak durch die Fjordlandschaft nahe der Inuit-Siedlung Kulusuk, wo noch traditionelle Kajaks aus Robbenhaut in Gebrauch sind. Übernachtet wird in Zelten an Fjordufern und auf küstennahen Inseln.
PROFIL: extrem
ANBIETER: ■ **Wikinger Reisen** *Tel. 02331/90 46, www.wikinger.de*; Reise: „Kajakerlebnis Ostgrönland – Auf den Spuren der Jäger", Dauer: 15 Tage, Preis: ab 2898 € inkl. Flug

39 HUNDESCHLITTEN

Die verschneite Landschaft des **Yukon Territory** ist der perfekte Ort für ein zweiwöchiges Hundeschlittenabenteuer. Unter Anleitung von wildniserprobten Guides lernen zukünftige „Musher" den Umgang mit Schlittenhunden und steuern schon bald ihr eigenes Gespann durch den eisigen Norden Kanadas. Unterwegs kreuzen Elche, Karibus, Schneehühner und vielleicht auch Wölfe den Weg.
PROFIL: mittel
ANBIETER: ■ **Ruby Range Adventure** *Tel. 001-867/667 22 09, www.rubyrange.com*; Reise: „Husky Abenteuer Tour", Dauer: 15 Tage, Preis: etwa 2370 € ab Whitehorse

40 ARKTISCHE GEWÄSSER

Das Expeditionsschiff „Lyubov Orlova" fährt von Resolute Bay im hohen Norden Kanadas bis an die Südküste von Ellesmere Island – die genaue Route in dieser Region der berühmten **Nordwestpassage** bestimmt das Eis. Bei Landgängen auf schwierigem Terrain erleben Sie die reiche Tierwelt und finden vielleicht Spuren alter Inuit-Kulturen.
PROFIL: leicht
ANBIETER: ■ **Cruise North Expeditions** *Tel. 001-416/789 37 52, www.cruisenorthexpeditions.com*; Reise: „Northwest Passage", Dauer: 8 Tage, Preis: etwa 3600 € ab/bis Montreal

41 TIEFSCHNEE

Auf Kamtschatka, der sibirischen Halbinsel am Beringmeer, liegt der Schnee im Winter nicht selten zehn Meter hoch. Exzellente Voraussetzungen für Skiabfahrten von über 4000 Meter hohen Vulkanen, die sich mit einem Hubschrauber erschließen lassen. Die Skiführer um Flory Kern kennen diese wilde Gegend seit vielen Jahren – sie wissen also stets, wo der beste Schnee liegt. Nur für Tiefschnee-Experten, die genügend Puste für die Überwindung von 10 000 Höhenmetern pro Tag haben.
PROFIL: mittel
ANBIETER: ■ **Flory Kern** *Tel. 07722/92 07 51, www.flory-kern.de*; Reise: „Heliskiing Kamchatka", Dauer: 12 Tage, Preis 3950 €

39 **Yukon: als »Musher« durch die verschneite Wildnis Kanadas**

42 ERSTBESTEIGUNGEN

Die Reise führt an den Kontinentalrand der Ostantarktis, genauer: nach **Königin-Maud-Land**. Hier ragen so viele Felsentürme und -nadeln, *nunataks* genannt, aus dem kilometerdicken Inlandeis wie nirgendwo sonst auf dem eisigen Kontinent. Erst eine Handvoll der bis zu 1000 Meter hohen Spitzen wurde bisher bezwungen – es sind also Erstbesteigungen möglich! Weniger Ambitionierte können sanfte Bergflanken zu Fuß oder per Ski bewältigen. Die Gruppe der Cracks wird von Stefan Siegrist und den Brüdern Alexander und Thomas Huber (siehe Seite 80) begleitet, die den Ulvetanna in freier Kletterei bezwingen wollen.
PROFIL: mittel bis extrem
ANBIETER: ■ **Kobler & Partner** *Tel. 0041-31/381 23 33, www.kobler-partner.ch*; Reise: „Nunataks →

der Antarktis", Dauer: 21 Tage, Preis: 27 000 € ab/bis Kapstadt

43 FÜR POLARFORSCHER

Eine anspruchsvolle Trekkingtour führt durch die raue, weglose Natur **Ostgrönlands**. Unterwegs passieren die Teilnehmer Siedlungen der Inuit, die einen Einblick in den harten arktischen Alltag erlauben.

PROFIL: mittel

ANBIETER: ■ **Hauser exkursionen** *Tel. 089/235 00 60, www.hauser-exkursionen.de*; Reise: „Ostgrönland – Rausch der Arktis", Dauer: 17 Tage, Preis: 2795 €

STÜRMISCH UND TIEF – DIE WELTMEERE

44 FREIWILLIG IM AUSGUCK

Auf dem schönsten Schiff Norwegens, der „Statsraad Lehmkuhl", müssen Passagiere nächtens mit Hängematten

45 **Adrenalin hinter Gittern: Köder locken Weiße Haie an**

vorliebnehmen – und tagsüber kräftig anpacken. Der Traditionssegler nimmt von Bergen in **Norwegen** aus Kurs auf **Schottland**. 1914 in Bremerhaven-Geestemünde gebaut, diente die „Statsraad Lehmkuhl" bis 1966 als Schulschiff. In den 1970er-Jahren ging sie in den Besitz einer Stiftung über, die sie von Grund auf renovieren ließ. Ansonsten hat sich nur wenig verändert: Wie für Generationen norwegischer Matrosenschüler gibt es heute auch für zahlende Gäste an Bord alle Hände voll zu tun. So müssen die rund 2000 Quadratmeter Segel des Dreimasters in weniger als einer Stunde gesetzt, der Ausguck muss erklommen, das Deck geschrubbt werden. Erfahrene Seeleute der Besatzung leiten die Arbeiten an Bord an. Segelkenntnisse sind keine Voraussetzung, Seetüchtigkeit und eine Vorliebe für Seemannsgarn werden aber begrüßt.

PROFIL: leicht

ANBIETER: ■ **Statsraad Lehmkuhl** *Tel. 0047-55/30 17 00, www.lehmkuhl.no/eng*; Reise: „Bergen–Lerwick–Bergen" (und andere Routen), Dauer: 5 Tage, Preis: 463 €

45 AUGE IN AUGE

Nervenkitzel unter Wasser: Big Animals Photography Adventures führt Sie ganz nah heran an die großen Meeresbewohner. Etwa zu Weißen Haien vor der Küste **Südafrikas**. Von einem Stahlkäfig aus lassen sich die Räuber bei der Jagd beobachten und fotografieren – dank Ködern, die direkt vor dem Käfig ausgeworfen werden. Der Adrenalinstoß ist garantiert, wenn plötzlich eines dieser Tiere aus der Tiefe auftaucht. Nichts für Zartbesaitete!

PROFIL: mittel

ANBIETER: ■ **Big Animals Photography Adventures** *Tel. 001-415/923 98 65, www.biganimals.com*; Reise: „Great White Sharks", Dauer: 9 Tage; Preis: etwa 4200 € ab Kapstadt

46 KAP HOORN

Das ist der Traum jedes Seglers: einmal um Kap Hoorn herum! Auf der „Sarah W. Vorwerk", einer in Hamburg gebauten und heute in Ushuaia beheimateten Stahljacht, wird er wahr. Skipper Henk Boersma blickt auf 21 Jahre Erfahrung auf den Weltmeeren zurück: Diesem Mann vertraut man sich gern an auf dem Törn ab Ushuaia zum Kap Hoorn und weiter durch die schwierige Drake-Passage bis zur Antarktischen Halbinsel, wo verschiedene Landgänge anstehen. Zwar ist die Jacht mit bequemen Kojen für maximal acht Passagiere ausgestattet – die raue See mit ihren kurzen Wellen, der stete Wind und der Mythos Kap Hoorn sorgen aber dafür, dass diese Reise alles andere ist als eine gemütliche Schiffspartie.

PROFIL: mittel

ANBIETER: ■ **Intakt-Reisen** *Tel. 030/206 16 48 80, www.intakt-reisen.de*; Reise: „Antarktis: Segeltörn", Dauer: 30 bis 33 Tage, Preis: ab 9190 € inkl. Flug

44 **Einsatz auf der »Statsraad Lehmkuhl«: Alle müssen ran**

47 DICKE PÖTTE

An Bord eines **Frachtschiffes** über die Meere reisen? Die Reiseagentur Hamburg Süd vermittelt Mitfahrten auf rund 350 Schiffen in alle Welt. Das Angebot reicht vom Sieben-Tage-Trip auf Nord- und Ostsee über Karibikfahrten auf Kühlschiffen bis zur 124-tägigen Reise um die Welt ab Hamburg durch den Suezkanal nach Asien und durch den Panamakanal wieder zurück.

PROFIL: leicht

ANBIETER: ■ **Hamburg Süd Reiseagentur** *Tel. 040/370 51 57, www.hamburgsued-frachtschiffreisen.de*; Preis je nach Reisedauer und Destination zwischen 400 und 10 000 €

48 TAUCHEN MIT WALHAIEN

Am Ningaloo-Reef vor **Westaustralien** ist das möglich, aber nur in den Monaten März bis Juni. Außer den sanften Giganten lassen sich hier auch Mantas, Schildkröten oder die scheuen Dugongs (Seekühe) aus nächster Nähe beobachten.

PROFIL: mittel

ANBIETER: ■ **Ningaloo Reef Dreaming** *Tel. 0061-8/99 49 47 77, www.ningaloodreaming.com*; Reise: „Whale Shark Adventure", Dauer: Tagestour, Preis: etwa 210 €

49 INSELHOPPING

Das kombinierte Passagier- und Frachtschiff „Aranui 3" verkehrt im Liniendienst in der Inselwelt **Französisch-Polynesiens**. Für die Bewohner des Tuamotu-Archipels und der Marquesas-Inseln ist die „Aranui" die Hauptverbindung zur Außenwelt. Während in den Inselhäfen die Ladung gelöscht wird, haben die Passagiere genügend Zeit für Erkundungstouren.

PROFIL: leicht

ANBIETER: ■ **Windrose** *Tel. 030/201 72 10, www.windrose.de*; Reise: „Frachter ins Paradies", Dauer: 14 Tage, 3392 € ab/bis Tahiti

50 KOJE FREI

Der australische Dreimaster „Leeuwin II" bietet vor allem jungen Leuten Kojen zum Mitsegeln entlang der Küste Westaustraliens – zu Riffen und abgeschiedenen Buchten. Teamarbeit ist gefragt auf Australiens größtem Segelschiff.

PROFIL: mittel

ANBIETER: ■ **Leeuwin Ocean Adventure** *Tel. 0061-8/94 30 41 05, www.sailleeuwin.com*; Preis je nach Reisedauer, zwei Nächte ab 290 € ■

GEO-REISECOMMUNITY

MITMACHEN, ENTDECKEN, PLANEN – genau das können Sie in der neuen Reisecommunity von GEO. Warum rufen wir diese Informationsbörse ins Leben? Weil Sie uns immer wieder wundervolle Fotos und Berichte Ihrer Reisen zugesandt haben. Nun können Sie Ihre Erlebnisse selbst im Netz veröffentlichen. Reise-Fans, die das getan haben, stellen wir Ihnen hier schon einmal vor. Es sind vier der ausgezeichneten Teilnehmer unseres »Fotos für GEO Special«-Wettbewerbs

Frau Knur, als wir Ihr Foto in der Reisecommunity entdeckt haben, stockte uns der Atem.
Oh, das war in der Tat der mit Abstand spektakulärste Flug meines bisherigen Lebens. Ein perfekter Tag! Unter uns sieht man den Gletschersee Ala-Köl und die Berge des Tien Shan in Kirgisistan. Ich habe eine Menge Kaugummis gekaut, damit mir in der Luft nicht schlecht wurde.

Und dann hatten Sie auch noch Nerven für ein Foto?
Wir hatten uns für einen Tandem-Schirm entschieden, damit nicht einer von uns plötzlich mutterseelenallein in einem unbewohnten Tal steht. Alles andere wäre leichtsinnig gewesen, und so konnte ich mich aufs Fotografieren konzentrieren, während mein Mann Maurice gesteuert hat. Trotzdem habe ich fast 50 Versuche für dieses Foto gebraucht. Die Kamera war nämlich an einem Skistock befestigt und ließ sich nur mit zehn Sekunden Verzögerung auslösen. Zum Glück blieben mir volle zwei Stunden Zeit, bevor uns eine Böe plötzlich nach unten zog. Wir mussten zweieinhalb Stunden zurück zum Auto laufen – mit dem 22-Kilo-Schirm.

Davon berichten Sie als Userin „Limau" auch in der Reisecommunity. Was halten Sie von diesem neuen GEO-Angebot?
Ich war total überrascht, welche Qualität die eingestellten Fotos schon haben. Absolut erstaunt hat mich auch, dass sich fast ein Dutzend Mitglieder meine Seiten sofort angeschaut hat. Der erste Kommentar ließ ebenfalls nicht lange auf sich warten: „Bitte mehr schreiben!" Keine Sorge, das werde ich tun. Selbstverständlich auch über meine nächste Reise. Ich schwanke gerade noch zwischen Bhutan, Sikkim, Tadschikistan oder Nordwestmongolei.

Jemen ▲

Wer etwas über unsere Radtour auf der Insel Sokotra erfahren will: Unter »AndyH« wird man fündig. Für unsere Mühen sind wir reich belohnt worden. Uns faszinierten die einzigartige Flora, die Menschen und vor allem die Freiheit, das Nachtlager an den schönsten Orten der Insel aufschlagen zu können. Das Bild zeigt meine Freundin Anita, vertieft in ein Gespräch mit Bedu-Kindern unter einem Drachenblutbaum ***Andreas Hübl***

Schweden

Ich reise mit Vorliebe in einsame Regionen. An einem kalten Novemberabend stiefelte ich mit Schneeschuhen durch den tiefen Pulverschnee im Stubba-Naturreservat Nordlapplands. Mehrere Stunden genoss ich die einmalige Lichtstimmung, bis mich der eisige Wind in den warmen Schlafsack trieb ***Gunar Streu, »gunarstreu«*** Kommentar eines Community-Nutzers: »Für so ein Foto lohnt es sich zu frieren« ▼

Machen Sie mit: www.geo-reisecommunity.de

Sie wollen andere an Ihrer Radtour auf Madagaskar teilhaben lassen, die besten Fotos aus Andalusien präsentieren? Oder suchen Sie einen Tipp für eine günstige Pension auf Amrum? Dann sind Sie in der neuen GEO-Reisecommunity und damit in der Gemeinschaft von Reiseliebhabern richtig. Und wie machen Sie mit? Einfach auf **www.geo-reisecommunity.de** gehen und eintauchen. Denn wir haben Wert darauf gelegt, dass die Community besonders leicht zu bedienen ist – und wünschen viel Vergnügen!

◀ Kanada

Der Callaghan River in British Columbia ist ein Wildwasser im Schwierigkeitsgrad V. Wie wir den Wasserfall auf dem Foto gemeistert haben, lesen Sie in der Community unter »Jakob« ***Jakob Käfer***

GEO Special Seidenstraße (6/07)

Beim ersten Durchblättern des Seidenstraßen-Heftes habe ich Herzklopfen bekommen, Reiselust, Abenteuerlust. So soll es sein.

— SABINE KARTTE, PER E-MAIL

GEO Special Seidenstraße (6/07)

Da wir in den vergangenen Jahren selbst einige an der legendären Seidenstraße gelegene Orte besichtigt haben, kam uns die jüngste Ausgabe gerade recht. Natürlich habe ich Ihre Reiseberichte „verschlungen"! Nun zu meinem Anliegen: Mein Mann ist der Ansicht, Sie haben die „Tour der Leiden" (Seite 120–129) sämtlichst mit alten, nachkolorierten Fotos bebildert. Ich bin der Meinung, dass es sich zumindest bei der Doppelseite 122/123 sowie den beiden Abbildungen auf Seite 127 um Gemälde handelt, zumal im Text auch ein Expeditionsmaler erwähnt wird. Ich wäre Ihnen sehr dankbar für eine Aufklärung, wer nun recht hat, denn mein Mann und ich haben diesbezüglich eine kleine Wette abgeschlossen. Es geht darum, wer für wen das nächste GEO Special zu bezahlen hat.

— DAGMAR BUSCHFORT, PER E-MAIL

Herr Buschfort hat die Wette gewonnen, bei den Fotos handelt es sich ausnahmslos um nachkoloriertes Fotomaterial.

Aus der Redaktion

Die Lösung des **Fundstück-Rätsels** auf www.geo-special.de/seidenstrasse lautete „Bombyx Mori". Gewonnen hat Peter Gundel aus Fürth. Herzlichen Glückwunsch!

GEO-Special-Autor Tom Dauer, der dieses Heft betreute, ist für die Reportage „Gefährliche Liebschaften" (GEO Special 3/2007) beim **Reisejournalistenpreis** „Berg.Welten" ausgezeichnet worden. Er belegte mit seinem Artikel über die besondere Beziehung des Kletterers Bernd Arnold zum Elbsandsteingebirge unter 103 Einsendungen einen zweiten Platz.

GEOSpecial

Gruner + Jahr AG & Co KG, Druck- und Verlagshaus, Am Baumwall 11, 20459 Hamburg.
Postanschrift für Verlag und Redaktion:
20444 Hamburg, Telefon 040/37 03-0, Telefax 040/37 03 56 48.
E-Mail: briefe@geo.de; Internet: www.GEO.de

CHEFREDAKTEUR: Peter-Matthias Gaede
STELLVERTR. CHEFREDAKTEUR: Michael Schaper
GESCHÄFTSFÜHRENDE REDAKTEURE: Meike Kirsch (Text), Ruth Eichhorn (Fotografie), Jutta Krüger (Art Direction)
ART DIRECTOR: Beate Meding
TEXTREDAKTION: Tom Dauer (freie Mitarbeit); Markus Wolff; Brigitte Gajser (Reise-Service)
BILDREDAKTION: Sabine Wuensch
VERIFIKATION: Tobias Hamelmann (freie Mitarbeit), Andrea-Rebecca Flörke
KARTOGRAPHIE: Stefanie Peters
SEKRETARIAT: Maren Heidorn, Dörte Nohrden, Elke Rehländer-Stöhr, Hella Strepp
HONORARE/SPESEN: Angelika Györffy
SCHLUSSREDAKTION: Antje Wischow; Hinnerk Seelhoff (Leitung), Jürgen Brüggemann, Dirk Krömer, Karola Schulte, Ralf Schulte; Assistenz: Hannelore Koehl
TECHNISCHER CHEF VOM DIENST: Rainer Droste
MITARBEITER DIESER AUSGABE:
Christoph Bangert, Wolfgang Bauer, Lutz Bormann, Agnes Fazekas, Holger Gertz, Dela Kienle, Freddy Langer, Barbara Lich, Mirco Lomoth, Harald Martenstein, Juliane von Mittelstaedt, Juan Moreno, Martin Rasper, Dora Reale (Layout), Walter Saller, Christian Sywottek
BILDADMINISTRATION UND -TECHNIK: Stefan Bruhn
GEO-BILDARCHIV: Bettina Behrens, Gudrun Lüdemann, Peter Müller
VERANTWORTLICH FÜR DEN REDAKTIONELLEN INHALT: Peter-Matthias Gaede

REDAKTIONSBÜRO NEW YORK: Nadja Masri (Leitung), Tina Ahrens, Christof Kalt (Assistenz)
535 Fifth Avenue, 29th fl., New York, NY 10017
Tel. 001/646-884 71 20, Fax 001/646-884 71 11, E-Mail: geo@geo-ny.com

VERLAGSLEITUNG: Dr. Gerd Brüne, Ove Saffe
ANZEIGENLEITERIN: Anke Wiegel
VERTRIEBSLEITERIN: Ulrike Klemmer/DPV Deutscher Pressevertrieb
MARKETING: Julia Duden (Ltg.), Anja Stalp
HERSTELLER: Oliver Fehling

ANZEIGENABTEILUNG
Anzeigenverkauf: Korinna Koschek, Tel. 040/37 03 22 48, Fax 040/37 03 17 22 48
Anzeigendisposition: Marco Schütze, Tel. 040/37 03 23 27, Fax 040/37 03 58 87
Es gilt die Anzeigenpreisliste Nr. 35 vom 1. Januar 2008
Bankverbindung: Deutsche Bank AG Hamburg, Konto 0322800, BLZ 200 700 00
Druck: Prinovis Itzehoe GmbH & Co KG

GEO ist auf Papier gedruckt, das aus einem Drittel – ausschließlich chlorfrei gebleichtem – Zellstoff, aus einem Drittel Durchforstungsholz und einem Drittel Altpapier hergestellt ist. Printed in Germany

GEO Special (USPS no 0014523) is published Bi-monthly by GRUNER + JAHR AG & CO. Subscription price for USA is $ 60 per annum. K.O.P.: German Language Pub., 153 S Dean St, Englewood NJ 07631. Periodicals Postage is paid at Englewood NJ 07631 and additional mailing offices. Postmaster: Send Address changes to: GEO Special, GLP, PO Box 9868, Englewood NJ 07631.

GEO-SPECIAL-LESERSERVICE

Fragen an die Redaktion
Telefon: 040/37 03 20 73, Telefax: 040/37 03 56 48, E-Mail: briefe@geo.de

ABONNEMENT- UND EINZELHEFTBESTELLUNG

Abonnement Deutschland, Heftpreis im Abonnement: 6,95 €
- *Bestellungen:* DPV Deutscher Pressevertrieb, GEO-Kundenservice, 20080 Hamburg, Telefon: 01805 / 861 80 01*
- *Kundenservice allgemein* (persönlich erreichbar) Mo bis Fr 7.30 bis 20.00 Uhr, Sa 9.00 bis 14.00 Uhr Telefon: 01805 / 861 80 01*, Telefax: 01805 / 861 80 02* 24-Std.-Online-Kundenservice: www.MeinAbo.de/service

Abonnement Österreich, Heftpreis im Abonnement: 8,10 €
- *GEO-Special-Abonnentenservice*, Postfach 5, 6960 Wolfurt, Telefon: 0820 / 00 10 85, Telefax: 0820 / 00 10 86 E-Mail: geo-special@abo-service.at

Abonnement Schweiz, Heftpreis im Abonnement: 13,60 sfr.
- *GEO-Special-Leserservice*, Postfach, 6002 Luzern Telefon: 041 / 329 22 20, Telefax: 041 / 329 22 04 E-Mail: geo-special@leserservice.ch

Abonnement übriges Ausland, Heftpreis im Abonnement auf Anfrage
- *GEO-Special-Kundenservice*, Postfach, CH-6002 Luzern; Telefon: 041 / 329 22 20, Telefax: 041 / 329 22 04 E-Mail: geo-special@leserservice.ch

BESTELLADRESSEN FÜR GEO-BÜCHER, GEO-KALENDER, SCHUBER ETC.

Deutschland
- *GEO-Versand-Service*, Werner-Haas-Straße 5, 74172 Neckarsulm, Telefon: 01805 /06 20 00*, Telefax: 01805 /08 20 00* E-Mail: service@guj.com

Schweiz
- *GEO-Versand-Service 50/001*, Postfach 1002, CH-1240 Genf 42

Österreich
- *GEO-Versand-Service 50/001*, Postfach 5000, A-1150 Wien

Bestellungen per Telefon und Fax für alle Länder
Telefon: 0049/1805-06 20 00, Telefax: 0049/1805-08 20 00
E-Mail: service@guj.com

ISBN 978-3-570-19806-3 ISSN 0723-5194

*14 Cent/Min. aus dem deutschen Festnetz, Mobilfunkpreise können abweichen

Fotovermerke nach Seiten. *Anordnung im Layout: l. = links, r.= rechts, o. = oben, m. = Mitte, u. = unten*

TITEL: Ulla Lohmann/Look

SEITE 3: Heinz Zak: o.; Moritz Attenberger: u.

SEITE 4: Matthieu Paley: l. o.; Silko Bednarz/Linnea images: r. o.; Christoph Bangert/laif: l. u.; Thomas Ulrich/Visual Impact: r. u.

SEITE 5: Moritz Attenberger: l.; Centre Culturel Alexandra David-Néel: r. o.; Big Picture/Action Press: r. m. o.; Ruth Schacht/SBB/bpk: r. m. u.; Jörg Modrow/laif: r. u.

KOMPASS: Jutta Drewes: 7; Jon Arnold Images/IFA Bilderteam 8 l. o.; Atelier Heimo Binder: 8 r. o.; Marc Gilsdorf/Mauritius: 8 m.; Seite 8 u. von l. nach r.: Theodore M. Siouris & Craig Chesek/The Explorers Club, Astrofoto, Hermann Erber/Look, Everett Collection, Inc./Action Press, Andromega, Bruno Morandi/Mauritius, The Gallery Collection/Corbis; Royal Geographical Society: 10 o.; Bertold Fabricius/Action Press: 10 u.; Fire AB: 12 l. o.; Deuter Sport GmbH & Co. KG: 12 l. m. o.; Berliner Stoffdruckerei GmbH/Hannah Möller: 12 l. m. u.; swiss-travel-shop.com: 12 l. u.; Archives Charmet/bridgemanart.com: 12 r.

WEIL DIE WELT NOCH WILD IST: Chris Johns/NGS Image Collection: 14/15; Michel Setboun: 16/17; Colin Monteath/Hedgehog House: 18/19; Jodi Cobb/NGS Image Collection: 20; Bill Hatcher/NGS Image Collection: 21; Klaus Fengler/Bilderberg: 22/23; Marco Simoni/Corbis: 24; Linda Nylind/TCS/laif: 25; Brother Luck/Alamy: 26

WAS IST EIN ABENTEUER?: Stuart McAlister/WpN/Agentur Focus: 27; Daniel Bartsch: 28 o., 29; Pete Oxford: 28 u.

ALLEIN DURCH AFRIKA: Christoph Bangert/laif: 30–44

SIE TRÄUMEN NICHT, SIE WAGEN: Andreas Kieling/Viking Film: 46/47; Carmen Rohrbach, Mongolei, Frederking & Thaler Verlag: 48; Dynafit: 49; Louis Palmer: 50; Big Picture/Action Press: 50/51

VOM LEIDEN IN DER POL-POSITION: Thomas Ulrich/Visual Impact: 54/55, 56, 63 u., 64 u.; Jost von Allmen/Visual Impact: 57–63 o., 64 o., 65

ABENTEUER HEIMAT: Heike Ollertz/Agentur Focus: 68–74

MIT DEM UNBEDINGTEN WILLEN EINER FRAU: Centre Culturel Alexandra David-Néel: 76–79

VOR JEDER TOUR EIN VATERUNSER: Heinz Zak: 80–85

WO DER JÄGER AUF SEINE BEUTE TRIFFT: Yves Levéfre/Bios: 86/87, 92; Marco Moretti/Anzenberger: 88/89; Jeff Foott/Getty images: 90/91; Rodger Klein/SeaPics.com: 94/95; Freddy Langer: 96

ABENTEUER SCHLAFEN: Sabina Lang & Daniel Baumann: 98/99; SIP/Arco Images GmbH: 100; Whitepod: 101 o.; Fred Bruemmer/Peter Arnold, Inc.: 101 u.; Andreas Strauss/Look: 102 o.; Archipicture: 102 u.; Antonin Borgeaud: 103

EINE DREIECKSGESCHICHTE: Moritz Attenberger: 104–113

EINSATZ FÜR EINE BESSERE WELT: Matthieu Paley: 116–123

DAS GROSSE ABENTEUER-RÄTSEL: Royal Geographical Society: 124

DOSSIER: Ruth Schacht/SBB/bpk: 129; Österreichischer Alpenverein, Alpenverein – Museum Innsbruck: 130 o.; Collection bibliothèques municipales de Chambéry, cliché Eric Beccaro, SAV B 116: 130 m.; British Library/AKG: 130 u.; Bunk/Ullstein Bild: 131 o.; MFA/Cinetext: 131 m.; eyedea/Keystone/laif: 131 u.; Ingolf Pompe/Look: 132; Marcus Hansen/Action Press: 133 o.; Sebastian Bolesch/Das Fotoarchiv: 133 u.; EPA/dpa/picture-alliance: 134 o.; 3D clinic/Getty images: 134 u.; Dirk Enters/imagebroker.net/Ullstein Bild: 135; Thomas Imo/photothek.net: 136/137; Messe Friedrichshafen: 137 o.; Thomas Rhiele/artur: 137 u.

SERVICE: Andreas Strauss/Look: 139; Benedicte Kurzen/WpN/Agentur Focus: 142; Miquel Gonzalez/laif: 143 o.; PatitucciPhoto/Aurora/Mauritius: 143 u.; Bryan & Cherry Alexander/Arcticphoto: 144 o.; Linda Nylind/TCS/laif: 144 u.; Medford Taylor/NGS Image Collection: 146 o.; Blume/Caro/Ullstein Bild: 146 u.; Christian Heeb/laif: 147 l.; Aris Mihich/TIPS /Bildagentur-online: 147 r.; Jörg Modrow/laif: 148 o.; Loukas Hapsis/IML/laif: 148 u.

GEO-REISECOMMUNITY: Lisa Knur: 150 (2); Andreas Hübl: 151 l. (2); Gunar Streu: 151 r. o. (2), Jakob Käfer: 151 r. u.(2)

KARTEN: Stefanie Peters: 6, 32, 66, 93, 114, 122

VORSCHAU: Andreas Reeg/Visum: 153 l. o.; Andreas Teichmann/laif: 153 l. u. und r.

INTERVIEW: Heiner Müller-Elsner/Agentur Focus: 154

DEUTSCHE NORDSEE

STRANDKUNDE: Alle Inseln im Überblick. **CHARAKTERE DER KÜSTE:** Von Wattpostboten, Inselfliegern und Robbenrettern. **ÖKOSYSTEM IM WANDEL:** Was lebt in einem Kubikmeter Watt? **SYLT:** Strategien für eine bedrohte Schönheit. **HIGHTECH VOM PLATTEN LAND:** Die Papenburger Meyer Werft und ihre Kreuzfahrtriesen. **HEILKRAFT DES MEERES:** Die medizinische Wirkung der Seeluft. **1000 KILOMETER GEGEN DEN WIND:** Per Tandem auf dem Nordseeküsten-Radweg. **SCHNELLKURS BUGGYKITEN:** In zwei Tagen zum Strandraser von St. Peter-Ording. **GLORREICHE GESCHICHTE:** Die Friesen und der Walfang. **LEUCHTTÜRME:** Warum sie auch heute noch wichtig sind. **SERVICE:** Die besten Insidertipps und Adressen für die Riviera vor der Haustür.

Gesichter der Nordseeküste: Kinder in der Dünenlandschaft auf Amrum; Bootsbauer aus Ditzum; Seehundpflegerin in Norden-Norddeich

▶ DIE ZULETZT ERSCHIENENEN AUSGABEN:

4/2007

5/2007

6/2007

▶ DIE FOLGENDEN AUSGABEN:

- Schweiz
- Kanada
- Namibia und Botswana

GEO SPECIAL »DEUTSCHE NORDSEE«
ERSCHEINT AM 2. APRIL 2008

Wie lebt es sich eigentlich …

… unmittelbar vor einer Weltreise?

Stefanie und Constantin Martens, beide 27, sind Globetrotter in spe. Vom großen Traum trennt das Hamburger Paar nur noch eine dreiseitige To-do-Liste

Ihr Abflug rückt immer näher. Los geht es in Argentinien …

STEFANIE MARTENS: … wofür ich mir teure Funktionsunterwäsche gekauft habe. In Patagonien kann es bitterkalt werden.

Wie kamen Sie auf die Idee einer Weltreise?

STEFANIE: Den Gedanken tragen wir seit einer Interrailtour durch Europa mit uns herum. Während des Studiums aber fehlte das Geld. Und nach unserer Hochzeit dachten wir: Es ist verrückt, jahrelang auf eine Weltreise zu sparen. Also haben wir lieber mehrere kürzere Urlaube gemacht.

CONSTANTIN MARTENS: Was uns nie gereicht hat. Der Traum von der ganz langen Reise blieb, und als wir dann im Juni den Diavortrag eines Globetrotters sahen, haben wir noch in derselben Nacht mit der Budgetplanung begonnen. Weil wir plötzlich sicher waren: Das ist machbar!

Wo haben Sie Geld aufgetrieben?

CONSTANTIN: Auf dem Dachboden. Dort schlummerte ungeahntes Kapital! Wir haben entrümpelt und alles Mögliche im Internet verscherbelt. Außerdem unser Auto verkauft.

STEFANIE: Der Budgetplan war anfangs eine Tabelle mit fünf Posten. Mittlerweile sind komplizierte Formeln im Spiel.

CONSTANTIN: Aber es hat sich gelohnt: Mit steigendem Reisekapital verlängerte sich die Route – aus geplanten sechs wurden neun, schließlich elf Monate. Für die rechnen wir mit 15 000 bis 17 000 Euro pro Person. Wir wollen zwar günstig reisen, uns aber ab und an auch mal etwas gönnen können.

Wohin soll es gehen?

STEFANIE: Argentinien, Chile, Neuseeland, Tonga, Samoa, Australien, Malaysia, Laos, Thailand. Die Round-the-World-Tickets haben wir gerade gebucht.

Warum erst jetzt?

CONSTANTIN: Wir mussten zunächst klären, wie es mit unseren Jobs weitergeht. Ich arbeite als Assistent der Geschäftsleitung in einer Reederei-Agentur, Steffi ist PR-Referentin. Zum Glück hat mein Chef genial reagiert und mich beurlaubt.

STEFANIE: Auch bei mir lief es super: Wir haben einen Aufhebungsvertrag mit einer Art „Rückkehrklausel" geschlossen.

Wie weit sind die Vorbereitungen mittlerweile gediehen?

STEFANIE: Die großen Dinge sind erledigt – Wohnung gekündigt, Lagerplatz bei unseren Eltern gefunden. Jetzt kommt der Kleinkram. Kürzlich fiel mir ein: Mist, wir hätten die Handy-Verträge kündigen müssen!

CONSTANTIN: Hier, das ist unsere To-do-Liste, länger als drei DIN-A4-Seiten: Kartons packen, Konten kündigen, GEZ abmelden, Lastwagen für den Auszug bestellen, Spanisch pauken, impfen, Kreditkartenattrappen klarmachen …

Wie bitte?

STEFANIE: Das ist ein Tipp aus dem Internet, von Globetrottern des Weltreiseforums (www.weltreiseforum.de).

CONSTANTIN: Die Attrappen kann man bei einem Überfall leicht aus der Hand geben.

Und welcher Punkt der Liste stresst am meisten?

STEFANIE: Die Auslandskrankenversicherung! Wir wollen am Great Barrier Reef einen Tauchschein machen. Und weil Tauchunfälle nicht immer mitversichert sind, müssen wir uns durch das Kleingedruckte quälen.

CONSTANTIN: Eigentlich ist alles kompliziert, was mit Ämtern und Versicherungen zu tun hat. Aber im Grunde ist das positiver Stress. Denn: Wenn es um unsere Weltreise geht, sind wir auch morgens um fünf Uhr schon hellwach.

INTERVIEW: BARBARA LICH

Am Tag ihres Auszugs: Stefanie und Constantin Martens, deren Reise man unter www.langeswochenende.blogspot.com verfolgen kann